弁護士が教える!

事例でわかる

中小企業の法律トラブル対応

弁護士・中小企業診断士

川上善行

JN055276

学陽書房

はしがき

　この本は、法律を専門的に学んだことのない次の方々に特に読んでいただきたいと思って書きました。

- ・　中小企業の経営者
- ・　中小企業の法務担当者
- ・　中小企業診断士などのコンサルタント、士業者

　法的トラブルに巻き込まれた際、中小企業の法律問題に詳しい弁護士をすぐに見つけられれば、このような本は必要ないかもしれません。しかし現実には、うっかり間違った対応をしてしまって、深刻な事態に陥ってしまった会社の事例を数多く見聞きしてきました。

　そのような事例を少しでもなくしたいと思ったのが、この本を書こうと考えたきっかけです。

　中小企業が遭遇するトラブルは大企業とは違いますし、同じようなトラブルでも大企業とは注意すべき点が違うこともあります。

　そこでこの本では、業界を問わず中小企業がよく経験するトラブルを取り上げています。弁護士が書いた本ではありますが、法律の細かいルールを説明するものではありません。トラブルになった際に会社にとって重要なのは、ルール自体よりも「具体的に何をすべきか」「対応に失敗するとどのようなリスクがあるのか」「この後、どのような流れになるのか」などです。そこで、この本ではこれらの点を重点的にお伝えしています。

　具体的には、トラブルごとに次のような構成で説明しています。

- ①　CASE（典型的な事例）
- ②　正しい対応のポイント
- ③　対応を誤った場合のリスク
- ④　解説

この本を書くにあたっては、専門的知識のない方にもわかりやすいことを強く意識していました。そのため、図や表などを多く用いる一方、条文番号など、当面の対応などを考えるにあたって不要な情報は、省いています（理解のしやすさを優先させるために、定義やルールを簡略化して説明している点などがあります。予めご了承ください）。予備知識がない方が読んでも、それほど苦労することなく、幅広い知識・ノウハウを身に付けていただけるのではないかと期待しています。

　この本を通読すると、法的なトラブルへの対応の勘所が理解できるようになっています。目次で挙がっているトラブルとは直接関係なくても、知っておいていただきたい内容は「ポイント解説」や「関連トラブル」などの中でご紹介しています。

　もちろん、トラブルごとに完結した内容になっていますので、現に発生したトラブルや関心のある分野をピックアップして読むこともできます。

　最後に、執筆にあたっては、学陽書房の大上真佑さん、田辺総合法律事務所の徳永亮子さんには、わかりやすい表現のアイディアを提供いただくなど、大変お世話になりました。読者の皆さまにとって、この本がわかりやすく、お役に立つものになっているとすれば、このお二人のおかげです。本当にありがとうございました。

　この本によって悩みが少しでも軽くなったと感じていただければ、本当にうれしく思います。

　2021年2月

弁護士・中小企業診断士　川上善行

第1章 従業員・役員に関するトラブル
～人情も大事だが、法的に正しい対応を取る

1　解任したい取締役がいる ……… 10
解任された取締役からの損害賠償請求に注意

2　従業員が着服していた ……… 15
懲らしめるより、被害回復

関連トラブル **従業員のミスで会社に損害** ……… 22

3　能力不足の従業員を解雇したい ……… 23
デキない社員は解雇できて当然？

4　元従業員が競業・引抜きをしている ……… 28
ノウハウを盗むのは当然違法？

5　元従業員が未払残業代を請求 ……… 32
断固拒むことの危うさ

6　「上司がパワハラをしている」との相談 ……… 37
放置すれば訴訟になることも

7 従業員のメンタルヘルス不調 ················ 44
まずはどうやって症状に気づくか

8 労災事故が発生 ················ 49
対応を間違うと刑事罰も

9 従業員が労働審判の申立て ················ 54
実は一刻を争う事態だ

10 労働基準監督署が立入調査 ················ 59
大問題にしないためのポイント

11 合同労組が団体交渉申入れ ················ 64
知らない団体にどう対処する？

第2章 取引先に関するトラブル
～一つの取引先への対応の失敗が命取りに

1 取引先から債権を回収したい ················ 70
貸し倒れを防ぐためのポイント

2 仕入先の破産危機 ················ 77
二重払いを避けるために

3 長年の取引先との取引終了 ················ 82
契約書の内容がすべてか？

4 | **仕入先の一時操業停止** ———————————— 88

法律を知っていれば即解決？

5 | **工事・システム開発の不具合** ————————— 93

大金を払っている以上、当然賠償してもらえる？

6 | **クレーマーからの執拗な電話** ————————— 98

やり取りを記録し、証拠とする

第**3**章 **情報管理に関するトラブル**
〜漏洩への対策が後手に回りやすいから気をつけたい

1 | **他社が営業秘密を利用** ————————————— 104

「営業秘密」の範囲は意外と狭い

2 | **個人情報の漏洩** ————————————————— 110

他人事ではなく、いつかは自社にも起きる

3 | **模倣商品の販売** ————————————————— 116

どこまで徹底的に争うか

第**4**章 **株主に関するトラブル**
〜会社と株主との関係が密だからこそ発生しやすい

1 | **株式が好ましくない者へ譲渡される** ——— 122

厳しい期間制限に注意

2 | 敵対的な株主を排除したい ……………… 127

どうしても上手くやれない株主がいたら

関連トラブル 株式の相続 ……………………………… 132

3 | 株主からの会計帳簿の閲覧等請求 ……… 133

応じなければいけない条件・範囲は？

第5章 **その他のトラブル**

～不動産、行政対応など、中小企業を襲う問題

1 | 賃貸人からの立退要求 ……………………… 138

真面目に賃料を払っていれば大丈夫？

関連トラブル 賃貸人からの賃料増額請求 ………… 143

2 | 近隣住民からの騒音クレーム ……………… 145

損害賠償問題に発展することも

3 | 業法違反の疑い ……………………………… 150

違反かどうかを自社で調べる方法

4 | 業法違反の発覚 ……………………………… 156

「まな板の上の鯉」だとあきらめない

従業員・役員に関するトラブル

人情も大事だが、
法的に正しい対応を取る

1 解任したい取締役がいる
解任された取締役からの損害賠償請求に注意

CASE

　取締役Aは、先代社長に引き立てられ、取締役となった。現社長は、もともとAは取締役として能力的にやや物足りないと感じていたが、最近、Aが、「今の会社があるのは、先代の社長と自分のおかげだ」「今の社長は頼りない」などと、社内で言いふらしていることを知った。Aには取引先からキックバックを受けているといううわさもあり、社長は、Aについて取締役を解任したいと考えている。

正しい対応のポイント

◎株式の持ち分ベースで過半数の株主の賛成があれば、取締役の解任は可能である。

◎①解任に正当な理由がなかったり、②形式的には役員でも実質的に従業員と同じような扱いをしていたような場合には、自主的な辞任を働きかける。

◎その役員が株主でもある場合には、解任などの際に、株式を手放してもらうよう試みる。

対応を誤った場合のリスク

◎解任できたとしても、損害賠償として、残りの任期分の報酬などの支払いが必要になる場合がある。

◎取締役の解任手続が適切に行われたとしても、従業員として会社に残ってしまう。

1 どのような手順で考えればよいか

　中小企業では、社長が過半数の株式を持っていることが多いでしょうし、そうでなくても、社長の判断には大多数の株主の支持は得られるはずです。このような場合、社長が、不適任な取締役を解任することは難しくありません。取締役の解任は、株主総会で、**株式の持ち分ベースで過半数の株主の賛成**が得られれば、理由を問わず、いつでも行うことができるからです。

　ただ、損害賠償のリスクには注意しなければなりません。会社法上、一定の条件の下で、解任された取締役は、損害賠償請求できます。

　また、中小企業の場合、形式上は「取締役」でも、実質的には従業員と同じと判断される場合があります。この場合には、従業員の解雇と同じように、オーナー社長であっても自由にやめさせることはできない（従業員としての地位は残る）と判断されることもあります。

　そこで、実務的には次のような順番で考えていくことが多いです。

---

① 　損害賠償のリスクや、従業員としての地位が残るリスクを検討する

② 　①のリスクを踏まえた条件（退職金上積み等）を提示して、取締役に自ら辞任してもらえないか持ちかけることなどを検討する

③ 　②に応じてもらえない場合に、解任手続をとる

　このほか、その取締役が株主でもあるような場合には、事後のトラブルを避けるため、**あわせて株式を手放してもらうことが望ましいです**（方法については4章2を参照してください）。

　以下では、法的な知識が必要となる①と③に関する部分について説明します。

② 解任された取締役から損害賠償請求される可能性はあるか

　解任された取締役は、会社法上、その解任に正当な理由がない限り、会社に損害賠償請求することが認められます。ここでは、①どのような場合に正当な理由があるか（損害賠償が不要か）、②損害賠償が必要な場合、どの程度の賠償が必要かについて、考えていきます。

（1）損害賠償が不要な場合とは

　損害賠償が不要、つまり正当な理由があるといえるのは、例えば、次のような場合だと考えられています。

□　業務上不正行為や法令違反行為を行った場合
□　健康上の理由で客観的に業務に支障をきたすような場合
□　著しく不適任であったり、能力が著しく欠如していたりする場合

　CASE のように、社長の悪口を言っているというだけでは、正当な理由があると認められない可能性が高いです。また、「やや物足りない」という程度の能力不足があることをあわせても、結論は変わらないでしょう。

　他方、キックバックを受けていると認められるのであれば正当な理由があるといえるでしょう。しかし、キックバックのうわさがあるというだけでは不十分といえます。

　したがって、CASE のような場合、**キックバックを受けているという証拠をつかめない限り、解任に正当な理由がなく、損害賠償が必要**になりそうです。

（2）どの程度の損害賠償が必要か

　このように解任につき損害賠償が必要となる場合、どの程度の損害賠

償が必要となるかが気になるところです。この点は、解任された取締役が任期満了までに得られたはずの報酬と退職慰労金であると考えられています。

　そこで、取締役の任期があとどのくらいあるかを確認し、損害賠償請求をされた場合に裁判で認められそうな金額を試算することが重要です。特に、定款で任期を10年としている場合など、残りの任期が長いと、多額の損害賠償を覚悟する必要が出てきます。

③ 解任されたとしても従業員としての地位が残る可能性がある

　たとえ取締役であっても、実態として業務執行の権限などは、取締役就任前とほとんど変わらないということもあります。CASE のAがこのような状況にあった場合、Aは取締役としては解任されたとしても、従業員としての地位は残ることがあります。

　取締役にまでなった方であれば、「単なる従業員になってまで会社に残りたくはない」と考える方もいるでしょう。しかし、社長への意地や経済的な理由から、「従業員として残る」と主張してくる方もいます。徹底的に訴訟などで争われると、負けてしまうリスクは無視できません。

　このようなことにならないよう、円満な退職のために、社内規程の範囲内で退職金の上積みなどを検討することもあります。

④ 株主総会での解任決議の方法

　想定される損害賠償の金額、従業員としての地位が残る可能性を考慮すると、会社としては、円満解決を図りたいと考えることが多いでしょう。この場合、まずは、任期満了まで待つ、あるいは、（退職慰労金を上積みすることなどの条件を提示して）Aに辞任をしてもらうという選択肢を検討することになります。

　ただ、任期満了までの期間が長かったり、Aが辞任に応じなかったりする場合は、上述した損害賠償のリスクはありますが、会社法の定める

手続によって解任することを検討することになります。解任するために
は、株主総会で解任決議を行う必要があります。そして、取締役会設置
会社の場合、株主総会を開催するためには、取締役会で、**株主総会の招
集について決議する必要**があります。取締役会・株主総会を普段から開
催している会社にとっては、取締役解任のための開催でも特別に難しい
話はありません。ただ、「取締役会・株主総会を全く開催していない」
「開催しているが法律のルールを守っているか自信がない」という会社
もあるでしょう。取締役会・株主総会は会社法が定める手続を守らない
と、決議取消し等のリスクもありますので、注意しましょう。

　手続としては、まず、取締役会で、「A取締役の解任」を議案とする
株主総会の招集をすることについて、決議を行います。このような取締
役会を開催する過程で、CASE のAの立場にある取締役は、社長が本気
で自分を解任しようとしていることがわかります。そこで、取締役会開
催などの前に、自ら辞任することに応じる可能性もあります。そうでな
い場合には、株主総会決議で、Aを解任することになります。

　株主総会の開催手続では、株主全員に招集通知を送ります。招集通知
には、株主総会の日時・場所、議題・議案を記載する必要があります。
そして、この通知は、**株主総会の2週間前**（定款で短縮している可能性
あり）までに発送する必要があります。株主全員が同意している場合に
は、例外的に、招集手続の省略などが可能となりますが、株主に対象と
なる取締役が含まれているような場合には、例外的な手続をとることは
難しいでしょう。株主総会で解任決議が行われると、法律的には対象と
なった取締役は取締役ではなくなります。

2 従業員が着服していた

懲らしめるより、被害回復

CASE

工場長Aは、社長からの信頼も厚く、工場に関しては、社長もAに任せっきりで誰もチェックしない状態が続いていた。ある日、Aの部下から社長に「Aが長年にわたり架空発注を行い、数百万円もの金銭を着服しているのではないか」という相談があった。

正しい対応のポイント

◎対応のゴールは、本人への制裁と被害の回復。ただし、本人への制裁は被害回復を難しくする場合もある。

◎解雇や刑事告訴の前に、事実関係の調査を行う。

◎退職願が出された場合には懲戒処分の検討を迅速に行う。

◎刑事告訴の優先順位は高くない。

対応を誤った場合のリスク

◎被害回復が全くできないまま、本人と連絡がとれなくなる。

◎懲戒をどうするか検討している間に、本人が退職してしまう。

◎急いで刑事告訴を行ったが、警察が全く取り合ってくれない。

1 対応の優先順位

　CASE のように、社長が信頼していた従業員が、着服などを行うことがしばしばあります。特に中小企業では、長い期間、着服などを発見できず、被害額が多額になってしまうケースもあります。経理担当者や管理職などの不正をチェックするだけの余裕がないことが多いからです。

　このような場合、会社としては、①解雇などの懲戒処分、②刑事告訴、③被害回復を考えることになります。

　ただ、これらの対応をする前にすべきことがあります。それは**事実関係の調査**です。本人が認めていれば、事実関係の調査は不要だろうと思うかもしれません。しかし、はっきりした証拠もないまま懲戒解雇を行い、後で本人が前言を撤回して解雇を争った結果、解雇が無効だと判断された事例もあります。また、刑事告訴するにしても、ある程度会社で調査をしていないと警察にも取り合ってもらえないでしょう。それどころか、単なる憶測に基づいて告訴に及んだ場合には、会社が損害賠償責任を負うことになりかねません。そのため、対応の前提として、事実関係を調査しておくことが必要となります。

■対応の順序

```
┌─────────────────────────────────┐
│                                 │
│        事実関係の調査            │
│                                 │
│            ⬇                    │
│                                 │
│  ○解雇などの懲戒処分            │
│  ○刑事告訴                      │
│  ○被害回復                      │
│                                 │
└─────────────────────────────────┘
```

2 事実関係をどのように調査するか

　ここでの事実関係の調査とは、着服行為の主体（共犯者の有無など）、方法、時期、被害額などについての証拠を集めることをいいます。

もちろん本人の供述も重要な証拠にはなりますが、まずはできるだけ客観的な証拠（例えば、通帳など）を集めて、そこから確実にいえる事実を把握します。その上で、本人や関係者からの事情の聞き取りを行っていきます。

　たとえ本人が着服を否定していた場合でも、他に十分な証拠があれば、着服があったと判断できることもあります。他方、いったんは本人が着服を自白していても、後で「会社から無理やり認めさせられた」などと言って撤回する可能性があります。例えば、多人数で長時間、高圧的な事情聴取を行った場合には、自白の任意性が疑われることになりかねません。時間的余裕を与えた上で、着服の動機や手法などを詳細に説明した書類を提出させるなどして、**「強制的に認めさせられた」という言い訳ができないような状況**を作っておくようにしましょう。

　本人が会社に在籍している限りは、会社は、業務命令として、事情聴取や資料の提出を求めたりすることができます。退職後はこのような命令を出すことはできなくなります。その意味でも、慌てて解雇などによる退職を先行させるのではなく、まずは事実関係の調査・確定を心がけましょう。

　以下では、事実関係の調査・確定を行ったことを前提に、懲戒処分、刑事告訴、被害回復について見ていきましょう。

③ 懲戒処分をするべきか

　着服が発覚した場合、会社としては、まずは懲戒解雇を検討することが多いです。このような懲戒解雇は当然できると考えるかもしれません。確かに、CASEのように地位を利用して数百万円の着服行為があったという事実が認定できるような場合には、通常、懲戒解雇が認められるでしょう。しかし、金額などの事情次第では、次の事例のように、懲戒解雇が無効であると判断される可能性もあります。

> **【裁判で問題となった事例】**
> 交通費約35万円の不正取得を理由とする懲戒解雇
> →裁判所は解雇を無効と判断
> **【主な理由】**
> ・　金額が多額とはいえない
> ・　動機がそれほど悪質ではない
> ・　本人は返還の準備をしている

　裁判などで解雇が無効となった場合、解雇以降に本人が働いていない期間についても給与を支払う必要が生じ、会社には大変な負担となります。万が一にもそのようなことにはならないよう、「金額・回数が少ない」「全額被害弁償された」などの事情がある場合には、トラブルを避けるために、**合意退職を検討する**場合もあります。

　会社が対応を迷っている間に、本人が、懲戒解雇をおそれて、退職願を提出してくることもあります。この場合、懲戒処分を行うのであれば迅速に行う必要があります。退職願が提出された場合、原則として**2週間で退職の効力が発生**してしまい、それ以降は懲戒処分ができなくなってしまうからです。つまり懲戒処分を行うのであれば、通常、退職願から2週間以内に行う必要があるのです。就業規則で別の内容（例えば「退職は、退職日の1か月前までに申し出ること」）を規定していても2週間での退職を止めることはできません。「退職には会社の承認が必要だ」として止めることもできません。

　なお、急いで解雇する場合には、**解雇予告手当の支払い**にも注意が必要です。退職日から30日以上前に解雇を予告しない場合には、原則として、30日からの不足日数分の解雇予告手当を支払う義務があるのです。会社からすると、まさに「盗人に追い銭」と感じるでしょうが、残念ながら法律上このような取扱いになっています。

　解雇予告期間満了日よりも先に退職日が到来するのであれば、退職の効果が先に発生する結果、解雇の効果は生じないことになります。この

ような事態を避けるためには（労働基準監督署から除外認定を受けられる場合でない限り）解雇予告手当を支払って、即時解雇を行う必要があるのです。

まれに着服が悪質なケースでも、それを行ったのが替えがきかない従業員の場合には、引き続き雇用したいと考える会社もあります。しかし、このような者の雇用を維持することは、事情を知っている周りの従業員のモラルの低下を招きますし、将来、同種の事案が発生した場合に平等的な取扱いが問題になることにも留意してください。

4 刑事告訴をするべきか

着服が発覚しても、会社に刑事告訴する義務はありません。告訴したからといって被害が回復できるわけでもありません（刑事手続の進行と民事上の損害賠償責任の有無は法的には関係がありません）。

それでも、着服などが発覚した場合、刑事告訴したいと考える会社は多いです。しかし、実際に刑事告訴を優先すべき事案は稀です。

その最大の理由は警察がなかなか捜査をしてくれないという点にあります。会社としては、ある程度の証拠が揃っていたら、警察はすぐに捜査してくれると思うかもしれません。しかし実際には、着服などのケースでは、**警察が積極的に動いてくれるケースは少ない**です。特に、会社と本人との間で被害回復について話し合いなどを行っている場合には、警察の対応は慎重になります。

最終的に捜査を検討してもらえる場合にも、それまでには、警察から何度も、資料を提出したり、説明のために訪問したりすることなどが求められます。警察が要求する資料の作成は会社の方には難しいこともあります。この場合、警察への対応を弁護士などに依頼することになりますが、費用の負担も発生してしまいます。

このように刑事告訴を行って捜査をしてもらい、最終的に刑事裁判にたどり着くためには、会社に大きな負担が生じます。しかも、たとえ有罪になっても、会社にとって直接的なメリットはないのです。

むしろ、本人の有罪が確定した場合、事実上本人が再就職等をすることは難しくなります。本人が困るのは自己責任ですが、収入が得られなくなると、会社にとって被害回復が一層難しくなってしまいます。

　このようなことからすると、従業員の着服について中小企業が積極的に刑事告訴をすべき場合は限られているといえます。

⑤ 被害回復の方法

　金額が大きくなるほど、会社にとっては被害回復が大きな関心事項となります。しかし、被害額が多額の場合、本人が全額を直ちに支払うことはまず期待できません。すぐに本人が全額を支払えない場合、短期に回収する手段として、**①給与などからの控除、②家族などからの回収**が思いつくところでしょう。これらの手段によって、回収できない場合には、**③本人からの分割払いの合意**も検討することになります。そこで、これらの手段を取る場合の注意点について説明します。

（１）給与などからの控除

　取引先との関係であれば、一方的に相殺によって債権回収を行うことができます。しかし、従業員との関係では、給与やボーナスなどから、損害分を控除するためには、その**従業員の同意が必要**とされています。しかも、この同意は、形式的なものでは足りず、自由意思に基づくことが必要です。

　そのため、事後のトラブルを避けるため、まず、同意の有無を争われないよう、同意の際に書類へのサイン・押印等を求めるようにします。その上、できれば後で、「同意を強制された」と言われないよう、同意を得るにあたり、十分な検討期間を与える（少なくとも「その場で同意を得て終わり」ということにしない）、同意しない場合の不利益（「刑事告訴する」）をちらつかせないなどの配慮をするようにしましょう。

（2）家族などからの回収

　両親や兄弟など、家族に支払いを求められるだろうと考えるかもしれません。しかし、共犯などでない限り、権利として支払いを求めることはできません。

　例外的に、家族などが身元保証を行っている場合には、その人に請求できることがあります。もっとも、身元保証があっても万全ではありません。次のような制限があります。

・期間の制限：身元保証書の効力が認められるのは、期間を定めていても最長5年（期間を定めていない場合には3年）。例えば、入社時に期間を5年間とする身元保証があっても、5年経過後に新たな保証をしていなければ、身元保証人への請求はできなくなる。

・範囲の制限：請求ができる場合でも、その範囲は損害全額ではなく3割程度以下に制限されることが多い。

　もちろん身元保証がなかったとしても、家族などが、任意に支払ってくれるのであれば、会社がそれを受け取ることは問題がありません。すぐに多額の支払いが難しい場合にも、家族などとの間で、被害弁償の合意をすることができれば、その合意の範囲内での家族への請求は法的な根拠を持つことになります。合意をする際の注意点は次に述べる「本人との合意」と共通です。

（3）本人との合意

　すぐには被害全額を回収できない場合には、本人などとの長期の分割払いに応じざるを得ません。**刑事告訴しないことなど**を**条件**にすれば、本人は長期の分割払いの約束に応じるでしょう。この合意をする際には当然合意書にしておくべきですが、その際、できれば自宅などを担保にしたり、他の家族などを保証人にしたりすることを検討すべきです。特に、分割払いの期間が長くなる場合には、支払いが滞る可能性が高くなるので、担保や保証人がより重要になります。

（4）損金処理の可能性

　以上のような対応をしても全額の回収が難しいことはありえます。この場合、次善の策として、回収を諦める代わりに税務上損金処理することを目指すこともあります。具体的な方法については、税理士などに相談してみるとよいでしょう。

関連トラブル

従業員のミスで会社に損害

　従業員のミスで損害を受けた場合にも、会社は、従業員に対して損害賠償を求めることができます。しかし、故意のお金の不正取得とは異なり、損害が従業員のミスにより発生した場合には、損害全額の支払いを求めることは難しいと考えた方がよいでしょう。

　請求が可能な損害の割合については、明確な基準があるわけではありません。裁判では、次のような事情を考慮して、個々の事案ごとに判断されます。

---

　①　従業員の過失の程度

　②　従業員の地位・職務内容・労働条件

　③　行為の態様

　④　会社側の落ち度（指示内容の適切性、保険加入の有無等）

　従業員の過失（①）が重大な場合でも、会社側の落ち度（④）が相応に認められると、従業員に請求できるのは損害額の25％程度しか認めない裁判例もあります。このような裁判例からすると、従業員に重大な過失がない場合には、従業員に求める負担は損害の25％程度にとどめておくのも一案です。

　従業員の支払いは、給料の天引きにより行わせたいと思うこともあるでしょう。ただ、着服の場合と同様、このような天引き（相殺）は、会社が一方的に行うことは禁止されています。従業員が自由意思で合意した場合にはじめて可能となるので、注意してください。

3 能力不足の従業員を解雇したい

デキない社員は解雇できて当然？

CASE

営業部長のAは、大企業での経験などが評価されて採用された中途採用者である。しかし、実際には、Aは「予算が少なすぎて何もできない」などとぐちを言うだけで、具体的な取り組みは全くしようとしない。中小企業をバカにするような発言をすることもあって、周りの社員ともうまくいっていない。Aのような人間を抱えている余裕は当社にはないので、解雇したい。

正しい対応のポイント

◎解雇のハードルは高いことを理解して、紛争リスクの回避のため、解雇ではなく退職勧奨による解決を目指す。

◎注意・指導の時期・内容等を記録に残しておく。

◎本人が自主的な退職を拒んでいるときは、執拗な退職勧奨はしない。

対応を誤った場合のリスク

◎行き過ぎた退職勧奨を行ってしまい、損害賠償責任を負う。

◎解雇したが、それが無効となり、多額の金銭の支払いが必要となる。

1 能力不足を理由とする解雇が認められる条件

　人員が限られている中小企業にとって、1名でも能力的に問題がある社員を抱えることは大きな負担になります。そこで、会社としては、このような社員にどうしても辞めてもらいたいと考えることもあります。そこでまず思い浮かぶのは、普通解雇です（能力不足などを理由とする懲戒解雇はまず認められません）。

　ところが、能力不足などを理由とする解雇が認められる条件は会社にとって厳しいものとなっています。

■普通解雇の条件

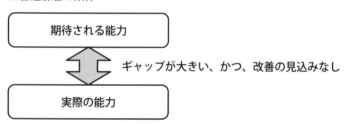

　具体的には、上の図の通り、まず、期待される能力と実際の能力のギャップが大きいことが必要です。「ちょっと期待外れ」程度では不十分です。しかも、「改善の見込みがない」といえることが必要です。こういえるためには、**繰り返し注意・指導を行っていなければなりません**。状況によっては、異動させて再チャンスを与えることも検討します。

　この条件を念頭において、最終的には解雇を検討しなければならないことを見据えると、能力不足等の従業員に対するプロセスは「注意・指導→退職勧奨→普通解雇」となります。

2 解雇が無効になるリスクがある

　この各プロセス（注意・指導、退職勧奨）を見る前に、解雇をしてそれが争われた場合のリスクを理解しておきましょう。

CASE でAが解雇に納得しない場合、Aは裁判などを起こして解雇の効力を争うことになります。ここで、3年後に裁判で解雇が無効だと判断されたという残念なケースを考えてみましょう。

　この場合、まず、Aが会社で再び働きたいと言ったら、会社としては応じざるを得ません（それでもどうしても復帰を回避したいならば、会社としては、解決金の上積みなどを提案せざるを得ません）。

　加えて、Aの請求次第で、会社がAに対して3年分の給料を払うことを判決で求められます。会社からすると、3年間会社に全く貢献していないAに対して給料を払うのは理不尽に思えます。しかし、Aは会社で働きたくても働かせてもらえなかったのだから、給料は全額払うべきだということになるわけです（Aが再就職していたような場合には一部減額されます）。

　このようなことにならないよう、できる限り、解雇という強硬な手段によらずにAとの関係を解消する手段（退職勧奨）を検討すべきです。解雇する場合にも、解雇が有効と認められる条件をできる限り整えておくことが必要になります。

③ どのような注意・指導が必要か

　会社でずっと見ていれば、ある従業員が能力的に非常に劣っていることや、業務への適格性を全く欠いていることは当然に思えるかもしれません。しかし、裁判などで、そのことが当然だと思ってもらえるとは限りません。

　注意・指導をした証拠があれば、このことは、裁判所等の外部から見ても理解できます。そして、注意・指導を繰り返し行っていたことを示せれば、改善の見込みがないことも明らかにできます。逆にいうと、**注意・指導をしたことを示せないと、裁判では、会社は非常に苦しい立場**に追い込まれます。適切に注意・指導を行うこと、そして、それを証拠として示せるよう記録に残しておくことは非常に重要なのです。

（1）期待される能力の明確化

　注意・指導の前提として、会社が、本人にどのような能力を期待しているかを明確にしておきます。1で見た通り、最終的に解雇が認められる条件に、期待される能力と実際の能力のギャップが大きいことがあります。そもそもどのような能力が期待されていたのかを示せるかが重要なポイントです。この能力は、会社が一方的に期待していただけではなく、本人もそのことを理解していることが求められます。

　特に経験・能力に着目した中途採用の場合、労働契約書に、どのような経験・能力を前提に採用したのかを記載していれば、この点の説明は容易になります。新規採用の場合などでこの点が曖昧な場合には、注意・指導の際に、本人に、期待する能力を伝えることが特に重要となります。

（2）具体的な注意・指導の方法

　能力上の問題で辞めてもらうことを検討している段階では、上司などが、既に何度も口頭では注意をしているはずです。ただ、口頭の注意を繰り返すだけでは、裁判などでの証拠としては心もとないです。注意の内容が本人に十分理解されないこともあります。

　そこで、口頭での注意を繰り返しても改善がないときは、業務指導書を出し、①会社がその従業員に求める能力の内容・程度を明確に伝え、②それに達していないので、改善するように指示します。

　それでも改善されない場合は、**警告書**を出します。警告書では、①改めて能力の内容・程度を明確に伝え、②業務指導書などにより改善を求めたのに改善されていない、③今後も改善されない場合には解雇も含めた対応を検討するということを伝えます。

（3）異動の検討等

　注意・指導とは離れますが、異動を検討した方がよいこともあります。裁判所などから「できる業務が他の部署にあるならば、辞めさせる

までもない」と判断されるのを防ぐためです。職種限定の中途採用者だとこのような配慮は通常不要ですし、本人の問題点がどこの部署に行っても共通するような場合には必須というわけでありません。

　ただ、異動可能な部署があれば、異動を検討した方が安全です。本人が「上司との相性が悪いだけだ」などと言っている場合には、問題が上司ではなく、自分自身にあることを納得させることにもなります。

④ 退職勧奨による合意退職によるべし

　退職勧奨とは、**自主退職を促すこと**をいいます。

　その従業員の能力不足により迷惑を被った経営者の中には、解雇という形で本人に問題があることを明確にしたいと考える方もいます。

　しかし、退職してもらうにしても、できることならば退職勧奨によるべきです。解雇は裁判などの紛争のリスクが高く、特に能力不足を理由とする解雇の場合、会社が負けるリスクも高いです。一方、退職勧奨を従業員が受け入れたら**合意退職となるので、紛争のリスクはほぼなくなります**。

　退職勧奨の実施までに、適切な注意・指導を繰り返していれば、退職勧奨をされることも本人は理解できるはずです。退職の条件として、退職時期を少し先（例えば「来月末」）にして、それまでの期間を有給のまま勤務を免除するなどの提案をすることもあります。

　さて、自主的に辞めてもらいたいという思いが強いあまり、執拗に退職勧奨を行ってしまうことがあります。しかし、これは絶対に避けなければなりません。無理に退職届を出させても、後の裁判で、自主退職について本心からの同意がないと判断されて無効にもなりかねません。また、本人が退職に応じない意向を明確にしているのに、執拗な退職勧奨を行うと、損害賠償責任を負う可能性があります。

　したがって、面談は多人数で行ったり、長時間続けて行ったりしないようにするとともに、持ち帰って検討する時間を与えるなど工夫します。「従業員が冷静に判断した」といえるようにしましょう。

4 元従業員が競業・引抜きをしている

ノウハウを盗むのは当然違法?

CASE

　開発部長だったAは6か月前に当社を退職したが、先日、Aが、当社の事業と競合する会社を設立したことがわかった。Aは、仲のよかった当時の部下にも転職を働きかけているようだ。

正しい対応のポイント

◎競業行為に対しては、それを制限するような誓約書などがないかを確認する。

◎誓約書などがある場合、その内容を踏まえて、差止め、損害賠償請求などを行うか検討する。

◎引抜き行為が違法になるのは例外的な場合であり、元従業員に対して損害賠償などを行うのは難しいことを理解した上で、対応を判断する。

対応を誤った場合のリスク

◎競業行為や引抜きへの対応が遅れ、会社が大きなダメージを受ける。

◎法的に無理筋な損害賠償請求などを行って、紛争が泥沼化する。

1 早期対応の重要性

　元従業員が競業行為や引抜きを行っている場合、これを放置すると、自社の事業にとって大きなダメージとなりかねません。会社として早い段階でけん制しておきたいところです。

　そこで、元従業員に対し競業制限を求める手段や、引抜きを防止する手段についてみていきます。また、社内の動揺などを抑える手段についても説明します。

2 元従業員の事業の実態を調査する

　競業行為などが行われている場合、まず競業の実態について把握します。現時点の情報の入手経路から、さらなる情報を入手できないか確認します。元従業員が関係する**法人のHPや登記情報を確認**することで、有益な情報が入手できることもあります。

　社内の従業員や取引先に情報提供を求めることも考えられます。この際に、こちらが従業員や取引先に伝える情報は、元従業員に伝わっても構わない範囲にとどめるようにしましょう。従業員や取引先が、**元従業員の側に、こちらの動きについて情報提供する可能性**があるからです。

3 競業行為へどう対応するか

　元従業員の競業行為は、早めにけん制をしておきたいところです。元従業員の行為に対し、損害賠償や差止めが可能なこともあります。

　自社の営業秘密を利用しているといえる場合には、差止めなどが可能なことがあります（営業秘密などの情報の利用について詳しくは3章1を参照してください）。

　営業秘密の利用とはいえない場合、対応を決める前提として、まず、就業規則や個別の労働契約、あるいは退職時の誓約書で、退職後の競業制限を定めた条項がないかを確認します。

　このような条項がなかったとすると、従業員の競業を制限することは

法的にはできません。退職した従業員は、在職中とは異なり、会社との間で特別に合意などしていない限り、どのような仕事をしようと自由だとされているのです。

　では、競業制限を定めた条項がある場合、それに従うよう請求できるでしょうか。実はこの条項の効力が認められない場合があります。退職する従業員への競業制限が認められるためには、**その制限が合理的なものでなければならない**と考えられているのです。具体的には、次の5つの要素を考慮して合理的な制限といえるか（条項の有効性）が判断されます（詳しく知りたい方は、経済産業省「秘密情報の保護ハンドブック」（平成28年2月）の参考資料5「競業避止義務契約の有効性について」（インターネットで容易に閲覧可能です）を参照してください）。

---

① 　従業員の地位（形式的な地位ではなく、具体的な業務内容が、自社が守りたい利益との関係で重要といえるかを判断）

② 　地域的限定（競業を禁止する地域を限定していると有効性が認められやすい）

③ 　期間の限定（1年以内の競業制限は有効性が認められることが多い）

④ 　制限の範囲（競業企業への転職の一般的・抽象的な禁止は有効性が否定されることが多い）

⑤ 　代償措置（何も代償措置がないと有効性が否定されやすい）

　例えば、就業規則で、「退職後も会社と競合する他社に就職及び競合する事業を営むことを禁止する。」などと規定するのは、禁止の範囲が広く、②〜④の限定がないため、規則の効力は認められづらいでしょう。また、退職金の割増などもなく、元従業員に一方的に競業制限を課している場合には⑤がないため規則の効力が認められない場合が多いでしょう。

　「競業制限が有効で、元従業員の行為がこの制限に反する」と明確に

いえれば、損害賠償請求や差止めを行うことを検討します（実際には、差止めが認められる条件は厳しいです。また、損害賠償も、損害が発生したことの証明が難しいことが多いです）。

　ただ、有効性の判断は難しく、弁護士に相談しても明確な結論が出せないこともあります。そのような場合には、損害賠償請求や差止めまで行うことには慎重にならざるを得ないでしょう。競業行為をやめるよう求める通知書を送って、話し合いによる解決を図ることもあります。

④ 引抜行為へどう対応するか

　会社にとって、元従業員が引抜きを行うことは許しがたいと感じるでしょう。しかし、法律上、**引抜行為が違法となるのはかなり例外的**な場合です。著しく悪質で背信的といえるような場合でない限り、許容されてしまうのです。

　会社として、引抜きが著しく悪質で背信的だといえそうな場合には、警告書を送付することを検討します。そこまではいえそうにない場合は、元従業員に法的に差止めや損害賠償などを行うことは難しいです。勧誘を受ける可能性のある従業員に対し説得するしかないでしょう。

⑤ 社内の従業員へどう対応するか

　元従業員の影響力によっては、社内の従業員が動揺し、元従業員に対し情報提供などの協力を行う従業員が出てくることもあります。この場合、従業員には会社の利益に配慮し誠実に行動する義務を負っていることを説明したり、会社としての競業者に対する方針を明確にして社内の動揺を抑えたりすることも考えられます。

　このような状況では、退職の意向を示した従業員は、本人の説明はどうあれ、**元従業員に協力する可能性**があります。そこで、就業規則に競業制限を定めていない場合や、定めていても抽象的な内容にとどまっている場合には、けん制の意味も含めて、退職前に競業禁止などについて具体的な内容を定めた誓約書にサインなどをもらっておくようにしましょう。

5 元従業員が未払残業代を請求

断固拒むことの危うさ

CASE

　3か月前に退職したAから、5年前の入社時から退社時までの未払残業代の支払いを求める文書が送られてきた。しかし、当社ではタイムカードなどでの管理は行っていないこともあり、Aが主張する時間に本当に残業が行われていたのかわからない。そもそも、当社の就業規則には残業には原則事前許可が必要であることを明記しているが、Aは一度も残業申請をしたことはなかった。

正しい対応のポイント

◎①主張されている「残業時間」に、その従業員が会社の指揮命令下にあったといえるか、②時間の算定根拠としてどのような証拠があるか、③時効になっていないかを確認する。

◎法的に支払義務がないと断言できるような場合以外は、早期の和解も検討する。

◎一定の支払いなどをせざるを得ない場合は他の従業員に波及しないよう工夫する。

対応を誤った場合のリスク

◎訴訟を提起され、要求された残業代の2倍を超える金額の支払いが判決で認められてしまう。

◎残業代を支払ったことが社内に知れ渡り、他の従業員からも残業代の支払いを求められる。

1 ほとんどの中小企業に関わる問題

　「残業代は100％支払っている」と断言できる中小企業は少数派でしょう。いままで誰も残業代を請求してこなかったからといって、今後も請求されないという保証はありません。実際に請求された場合には、未払いとなっている残業代以上の負担が生じる可能性があります。

　重要な問題なので、法律上のルールを詳しめに説明した上で、会社として確認すべき事項や、和解の際の留意点をお伝えします。

2 労働時間に関する法律上のルール

（1）「労働時間」とは

　残業代の支払いが必要となる「労働時間」とは、**従業員が会社の指揮命令下に置かれていた時間**をいいます。指揮命令下にあったかどうかは、就業規則等の記載によって決めるのではなく、客観的に判断します。実際に裁判で判断された事例として次のようなものがあります。

【労働時間にあたるとされた事例】
- 昼休み中の来客対応待機時間
- 安全衛生教育の時間
- 定期路線トラック運転手の積込・積卸間の手待時間

【労働時間にあたらないとされた事例】
- 持ち帰り残業の時間（原則）
- 一般健康診断の実施時間
- 自由参加の教育訓練

（2）残業を事前許可制にしていた場合

　CASE のように、就業規則上、残業は原則として事前の許可を条件にしている会社も多いです。このような会社では、許可申請がなかったことを根拠に、残業であることを否定できるでしょうか。

このような制度をとっていたとしても、従業員が勤務時間外に作業を行い、会社はそのことを薄々知りつつ放置していたならば、**会社は残業について暗黙の指示をしていた**と評価されてしまいます。その結果、会社は残業代の支払いを免れることはできないことになります。

（3）「管理監督者」にあたると支払義務はない

　CASE とは離れますが、未払残業代が求められる事案では、従業員が労働基準法上の「管理監督者」にあたるかが問題となることがあります。「管理監督者」であれば、残業代の支払義務は発生しないからです。

　管理職と表現が似ているために「管理監督者」は管理職と同じ意味だと思っている方もいます。しかし、（特に中小企業では）「部長」「店長」であっても「管理監督者」とはいえない方も相当います。具体的には、「管理監督者」にあたるかは次の点を考慮して判断します。

---

　①　企業経営に関する決定への参画

　②　勤務態様・出退社に関する裁量

　③　地位にふさわしい賃金等の待遇

　この①～③の条件をすべて満たすといえない限り、「管理監督者」であることは否定される（つまり、残業代の支払いが必要になる）可能性があります。例えば、待遇（③）について、部下の給与と大差がなく、人事考課によっては部下を下回るケースがあることを理由に「管理監督者」であることを否定された事例があります。

（4）時効の確認

　残業代の消滅時効は2年間です（法改正があったため、2020年4月以降に請求が可能となった部分については、この期間が3年に伸びます）。つまり、2020年3月時点で請求が可能だった残業代については、請求時点で請求可能になってから2年を過ぎていた場合には、支払いをする必

要がありません。

③ 会社の支払義務の確認

　以上の法律上のルールを踏まえて、請求者への支払義務が生じるかどうかを検討します。CASEのような事例では、主な検討項目は次の3点です。

　・主張されている時間に会社の指揮命令下にあったか

　・時間の算定方法は適切か

　・時効になっていないか

　それぞれの内容を具体的に見てみましょう。

（1）主張されている時間に会社の指揮命令下にあったか

　ここでのポイントは、業務としての関連性、義務として課されていた証拠があるかです。会社が、請求者に対して残業を禁止していたといえれば、この点の反論材料になります。②（2）で見た通り、就業規則で事前許可制としていただけでは不十分です。しかし、例えばCASEで、Aに対して残業しないよう明確に命令していたような場合には、会社は、残業代の支払義務は生じません（もちろん、所定労働時間内に処理できないほどの業務量があったことを会社が知っていたような場合は別です）。

（2）時間の算定方法は適切か

　タイムカードがあれば、時間の算定方法でもめることは少ないでしょう。ただ、残業代が請求されるのは、通常、タイムカードがない場合です。このような場合、請求する側は、手帳やカレンダーに書き込んだ、始業・終業時間などのメモをもとに、請求してきます。

　会社からすると、「こちらの知らないところで書かれたメモが証拠になるのはおかしい」と言いたいところです。ただ、このようなメモであっても、会社側でそれが嘘であることを示せないと、裁判では証拠と

しての価値がある程度認められてしまう可能性があります。

　会社としては、**パソコンのログイン・ログアウトの記録など**をチェックして、Aの言い分に嘘がないかをチェックしていきます。

（3）時効になっていないか

　請求できる時点から2年が過ぎていたら、会社としては、支払う義務がなくなります（いったん支払うと言ってしまった場合などは別です。また、請求を受けたのが2022年4月以降の場合には、2（4）で述べた法改正に注意します）。例えば、CASE では、直近2年分を除いて支払わなくてよい可能性があります。

4 和解の際の注意点

　未払残業代については、早期の和解を検討すべきことが多いです（法的に支払義務がないことがはっきりしている場合などは別です）。訴訟に進んで残業代を請求される場合は、会社は、残業代のほか、**最大で残業代と同額となる付加金の支払い**を判決で命じられることがあります。また、未払残業代については、退職した時期以降の**遅延利息が14.6%**と非常に高率です。合計すると、残業代の2倍以上の金額の支払いが求められるおそれがあるわけです。

　和解にあたって特に意識したいのは、**他の従業員への波及をできるだけ防ぐ**ことです。一部の従業員への未払残業代の支払いが必要になる場合、他の従業員についても、未払残業代があることがほとんどでしょう。もし他の従業員が、一部の従業員への未払残業代の支払いを知ったら、「同じように自分も支払ってほしい」と言ってくるでしょう。そうなると、会社への影響はとても大きくなってしまいます。そこで、請求者との和解にあたっては、支払名目を解決金などとしたり、請求者に守秘義務を負わせるなどの工夫をしておくのです。

6 「上司がパワハラをしている」との相談

放置すれば訴訟になることも

CASE

　Aが営業部長になって以来、営業成績は急速に伸びている。Aは社長の指示に迅速に対応することもあって、社長の信頼も厚い。そのAの部下Bが最近元気がないので、社長が声をかけると、Bが「A部長から、いつも意地悪をされたり、暴言を吐かれるなどのパワハラを受けている。A部長の下ではもう働きたくない」と言ってきた。

正しい対応のポイント

◎相談者などのヒアリングは、先入観を持たずに行う。

◎業務上の指導とパワハラの線引きが難しいことを理解して対応する。

対応を誤った場合のリスク

◎会社や代表取締役が損害賠償責任を負わされる。

◎初動対応を誤って、SNSなどで情報が拡散して、ブラック企業であるとの評判が広まる。

$\boxed{1}$ ハラスメント対応の流れ

　パワーハラスメント（パワハラ）の相談は、企業の規模を問わず非常に多いです。パワハラについては、2019年の法改正で、はじめて法律上明確に位置づけられました。このような社会の動きを受けて、パワハラはますます従業員からも厳しい目で見られることになるでしょう。いままでパワハラについては声が上がっていない会社でも今後はCASEのような相談が出てくるかもしれません。

　パワハラに限らず、ハラスメントの対応は**「相談→事実調査→事実認定→事後措置」**という流れで行っていきます。

　以下では、パワハラの内容・リスクについて見た上で、この各段階の注意点を説明していきます。

　なお、以下ではわかりやすさのため、パワハラをしたとされている人（CASEのA）を「加害者」、パワハラをされたと言っている人（CASEのB）を「被害者」と呼びます（実際の場面では、パワハラの有無を調査している段階で、そのような呼び方をすることは不適切ですので、注意してください）。

$\boxed{2}$ パワーハラスメントとは

（1）会社などの責任

　パワハラについてまず意識しておきたいのは、**放置は厳禁**だということです。

　パワハラの被害者が精神疾患などにかかってしまった場合、会社は、治療費・休業損害のほか、慰謝料などを賠償する責任を負います。被害者の長期の休職などにつながってしまった場合には、その金額は、数百万円、場合によってはそれ以上になる可能性もあります。また、社長がパワハラを認識していながら放置していたような場合には、会社ばかりでなく、社長個人が損害賠償責任を負わされる可能性もあります。

　金銭的な問題だけではありません。会社がパワハラの可能性を知りな

がら放置した場合には、そのことが SNS などで拡散して、世間でブラック企業などとの評判が広がってしまうことにもなりかねません。

このようなことにならないためにも、パワハラの可能性に気づいた段階で適切に対応すべきなのです。

（2）パワーハラスメントの定義

パワハラにあたるのは次の3つの条件を満たす言動です。

---

① 職場での優越的な関係が背景にある
② 業務上必要かつ相当な範囲を超える
③ 就業環境を害する

このうち、実際に判断で悩むのはほとんど②についてです。優越的な関係（①）がなければ問題となるような行為があっても当事者同士で解決できるはずです。また、就業環境の悪化（③）は、パワハラかもしれない言動があるような職場ではたいてい生じているものです（ただし、この点の判断は客観的に行うということに注意してください。少しきつい言い方をされただけで「やられた側がパワハラだと感じたら、その言動はパワハラだ」と主張する「被害者」もいます。しかし、それは正しくありません。客観的、つまり**平均的な人の感じ方を基準**に、苦痛を与えたといえるかを判断するのです）。

これに対して、②の業務上の必要性・相当性があるかは人によって感じ方は大きく変わります。

まず、部下や会社のためとはいえない目的で行われるような場合には必要性がないので、パワハラという評価につながりやすいです。それらしい目的があっても、暴行などを伴ったり、脅迫にあたるような言動であれば、通常、業務上不相当であり、パワハラだといえるでしょう。

問題は、そこまではいかないような厳しい指導が、業務上許容される指導といえるかです。

（3）業務上許容される指導との区別

　業務上許容される指導とパワハラの線引きは明確ではありません。業務の危険性、「被害者」側の落ち度の有無なども考慮されます。

　ただ、次の表にある要素を考慮して、考えていくと少しわかりやすくなります。**矢印の右側にあてはまるような要素が多いほど、パワハラだ**という評価につながりやすくなります。

■パワハラの評価要素の例

発言内容	具体的な行動への注意 ◀━━▶ 人格非難
周りの人の存在	1対1 ◀━━▶ 大人数の前
指導の時間	短い ◀━━▶ 長い
声の大きさなど	通常の会話と同じ ◀━━▶ 怒鳴る
期間・回数	1回だけ ◀━━▶ 長年・繰り返し

　例えば、裁判例には、上司が、指導の目的で、次のようなメールを送ったことを不法行為としたものがあります。

・「やる気がないなら、会社を辞めるべき」「あなたの給料で……何人雇えると思いますか」
・宛先に同僚十数人をCCに入れる
・上の表現を含む部分を文字サイズを大きくして赤文字にする

　このメールの内容は、具体的な行動の注意を超えたものであり、しかも、多数の同僚も宛先に入れていたことなどからすると、やむを得ない結論といえるでしょう。

③ 相談・事実調査をどのようにするか

　事実の調査は、次の順番で行っていくことが一般的です。

①　相談者・「被害者」からのヒアリング
②　（あれば）客観的な証拠の確認

③ 「加害者」からのヒアリング

④ （①〜③では事実関係が判断できない場合）周りの従業員などからのヒアリング

②については説明するまでもありませんので、以下では、①・③・④について説明していきます。

（1）相談者・「被害者」からのヒアリング

相談者と「被害者」は同一であることが多いですが、そうでなければそれぞれからヒアリングをします。

必ず聞き取るのは次の項目です。

☐　ハラスメントにあたると考える具体的な言動

☐　証拠の有無

☐　希望する対応

まず、具体的な言動を聞き取ることを意識します。「暴言を吐かれた」「意地悪をされた」というのは、具体的な言動ではなく、評価です。評価ではなく、例えば、「『給料泥棒』と言われた」などの**事実を聞き取る**のです。その際、できる限り**「5W1H」も明確に**します。

パワハラだとされるやり取りに関して、メール・LINE等のチャットや録音などがあるか、ほかに現場に居合わせた人がいないかも確認します。このような証拠等があると、事実の認定がしやすくなります。

あわせて、相談者・「被害者」が何を求めているのか（問題となる言動の中止、謝罪、加害者への処分など）も聞いておきます。ただし、希望通りに対応できるとは限らないことは理解してもらう必要があります。

事実関係の確認のために、通常、後で「加害者」にもヒアリングを行います。また、周囲の従業員などからヒアリングすることもあります。ただし、これらのヒアリングは**予め「被害者」の了解を得てから行います**。

「被害者」のヒアリングの際に注意したいのは、先入観を持たないということです。「加害者」とされる人は、CASEのAのように、社長から見ると、仕事のできる、頼りがいのある従業員であることがよくあります。逆に、「被害者」は、いわゆる問題社員であったりします。そうすると、「問題はないはず」という先入観・願望を持ってヒアリングをしてしまいがちです。その結果、適切な判断ができず、パワハラを放置してしまいかねません。

（2）「加害者」からのヒアリング

「加害者」からのヒアリングで最も重要な確認事項は、**相談者が言っている具体的な言動があったか**です。問題となる言動が否定できないような場合には、言い分（そのような言動に至った事情）があれば聞いておきます。

「加害者」に対しては、相談者などへの報復は当然許されないことは伝えておきます。また、問題となる言動の深刻度などによっては、調査終了まで行為者に自宅待機を命じることも検討します。

（3）周囲の従業員などからのヒアリング

周囲の従業員などからのヒアリングは、「加害者」が問題となる行為を否定した場合に行います。誰も見ていない所で行われがちなセクハラと異なり、パワハラが問題となるような行為は、周囲に人がいても行われることはよくあります。

④ 事実認定をどのようにするか

ヒアリングや客観的な証拠の確認が終わったら、次は事実認定です。事実認定とは、①**どのような言動があったのか**、②**その言動はパワハラにあたるか**を判断することです。

まず言動の認定については、客観的な証拠があれば問題なく認められますし、相談者・「被害者」と「加害者」の説明が一致していれば、そ

の範囲では認定できます。

　難しいのは、客観的証拠がなく、両者の説明が食い違う場合です。この場合、周囲の従業員などの説明や、それぞれの説明の一貫性、説明内容の合理性などを踏まえて判断することになります。

　この流れを経て認定できた言動について、②のパワハラに該当するか（不適切といえるか）の判断をします。この判断については、上で述べたことを参考に行っていきます。

⑤ 事後措置はどうするか

　パワハラだと判断した場合には、「加害者」に対する処分と「被害者」へのフィードバックなどの対応を行っていきます。

（1）「加害者」への処分

　「加害者」に対する処分として、懲戒処分とそれ以外の人事処分があります。人事処分としては、配置転換や降格処分等が考えられます。

　パワハラであると断定まではできないものの、適切とはいえない言動があった場合には、口頭注意などを行うこともあります。

（2）「被害者」への対応など

　「被害者」に対しては、調査結果とそれを踏まえた「加害者」への対応を説明します。この際、「被害者」が、「加害者」に甘すぎる、などと不満を示すことがあります。**判断の根拠などを説明して理解を得る**ようにします。

　パワハラがあったといえる場合はもちろん、そこまでいえなくても、人間関係に問題が生じている以上、「加害者」と「被害者」を引き離すための配置転換を検討すべきことがあります。この場合、特に中小企業では、CASE のAのように能力・専門性などによっては「加害者」の側の異動は難しく、「被害者」の異動を検討させることもあります。

7 従業員のメンタルヘルス不調

まずはどうやって症状に気づくか

CASE

10年前に新卒で入社した管理部のAは、以前と違い、髪もぼさぼさで無精ひげで会社に出てくることもある。仕事でミスも増えていて、自分でもそれをひどく気にしている。以前と同じレベルの仕事を頼もうとしても「自分の能力では難しい。みんなから嫌われているので、誰も助けてくれないだろうし」などと言う。

正しい対応のポイント

◎メンタルヘルス不調の兆候が見られたら、医師の診察を受けるよう促す。従業員が応じない場合には、受診命令を出すことを検討する。

◎休職制度の有無・内容は、就業規則で確認する。

◎休職期間満了時に復職させるかどうかは、会社指定の医師の診断も踏まえて判断する。

◎休職期間満了時に退職勧奨を行う場合には、退職の意思表示を争われないよう配慮する。

対応を誤った場合のリスク

◎メンタルヘルス不調の従業員を放置して、病状が悪化し、会社が損害賠償請求を受ける。

◎休職期間満了時に復職不能と判断して解雇したところ、裁判でその解雇の効力が否定される。

1 対応に悩む2つの場面

　厚生労働省の調査によれば、現在の仕事などで強いストレスを感じる事柄がある人の割合は60%近くに上ります。どんな企業も、メンタルヘルス不調の従業員を抱える可能性を想定すべきです。

　メンタルヘルス不調者については、特に、**①メンタルヘルス不調が疑われる場合の初動対応、②休職期間満了前後の対応**で悩むことが多いです。そこで、この2点を中心に説明していきます。

　なお、以下の説明は、メンタルヘルス不調の原因が会社側にない（長時間労働やハラスメントなどが原因ではない）ケースを前提とします。

2 メンタルヘルス不調のサイン

　メンタルヘルス不調が疑われる場合の初動対応を取る前提として、その不調に気づく必要があります。

　例えば、次のような変化があるときは、メンタルヘルス不調のサインだといわれます（厚生労働省「職場における心の健康づくり」参照）。

□　遅刻、早退、欠勤が増える
□　休みの連絡がない（無断欠勤がある）
□　残業、休日出勤が不釣合いに増える
□　仕事の能率が悪くなる。思考力・判断力が低下する
□　業務の結果がなかなか出てこない
□　報告や相談、職場での会話がなくなる（あるいはその逆）
□　表情に活気がなく、動作にも元気がない（あるいはその逆）
□　不自然な言動、ミスや事故が目立つ
□　服装が乱れたり、衣服が不潔であったりする

　このような変化がある場合、次のような対応を検討します。

③ メンタルヘルス不調が疑われる場合の初動対応

（1）医師の診察を受けさせる

　メンタルヘルス不調が疑われる従業員を放置して、本人の病状が悪化した場合、会社は、法的な責任を問われかねません。そうでなくても、CASE の A のような従業員を放置すると、周りの従業員にも悪影響を与えることがあります。

　そこで、会社としては、まず、**医師の診察を受けるよう勧めます**。診察を受ける際には、診断書には、**仕事ができるかどうかについて意見を記載してもらうようにします**。

　本人がこの勧めに応じてくれたらよいのですが、受診を拒むこともあります。この場合、さらに説得しても本人が応じなければ、会社としては**受診命令**を出すことを検討します。受診命令は無条件に認められるものではありません。しかし、CASE のように、従業員の言動からメンタルヘルス不調が合理的に疑われる場合には、命令を出すことは可能です。必要条件ではありませんが、就業規則に受診命令について根拠となる条項がないかも確認しておきましょう。

　受診命令にも応じない場合には、本人の了解を取った上で家族に連絡することも考えられます。家族と協力して説得を試みるためです。

　医師の診察の結果、「○か月の療養が必要である」などの診断書が出された場合には、その従業員を休ませて治療に専念させることが通常です。逆に、「加療しながらの就労は可能である」などの診断が出された場合、産業医の意見を聞いたりして対応を検討することになります。

（2）休職制度で治療に専念させる

　治療に専念させる場合、通常、休職制度を使うことを検討します。

　休職制度を設けることは義務ではありませんが、ほとんどの会社では用意しています。傷病休職（業務外の傷病を理由とする休職）の条件は就業規則で定めます。例えば「業務外の傷病による欠勤が○か月継続し

た場合」などとしている会社が多いでしょう。就業規則で定めている条件を満たす場合には休職命令を出すことができます。

　休職期間中の賃金の支給は、就業規則で特別な規定がない限り、必要ありません。

（3）いきなりの解雇は避けるべし

　CASEのような場合、会社によっては、休職というプロセスを経ることは負担なので、働けないならば解雇してしまいたいと考えるかもしれません。しかし、休職制度が用意されている会社で、メンタルヘルス不調の疑いがあるのに休職させずに解雇してしまうと、**解雇権の濫用**として解雇が無効になるリスクが高いので、避けるべきです。

４ 休職期間満了前後の対応

　CASEで少し先に進んだ場面を考えます。休職期間満了間近にAから、復職可能という主治医の診断書が提出されたとしましょう。

　このとき、会社としては「主治医は『復職可能』と言っていても、休職期間中のやり取りの様子からすると、復職は難しい」と考える場合にはどうすればよいでしょうか。

（1）復職可能かどうかの判断基準

　休職期間満了時に、復職可能となっていなければ、その従業員との雇用関係は終了になります（自然退職となるか解雇になるかは就業規則次第です）。その復職可能かどうかの判断基準は、次の通りです。

① 　従前の職務を通常の程度に行える健康状態まで回復していたら復職は可能

② 　①まで回復していなくても、２、３か月程度でそのように回復することが見込まれる場合には、可能な限り軽減された業務に就かせる

　会社がこの判断を行う際には、前提として医学的な根拠についても検討します。とはいえ、「主治医が復職可能と判断していたら、常に復職

を認めなければいけない」というわけではありません。主治医は、仕事の内容や職場環境を正確に把握しているとは限らないからです。

　会社で判断に悩む場合には、**従業員に産業医の診断を受けてもらいます**。従業員が受診を拒んだ場合、業務命令として受診を指示します。会社指定の医師の受診義務について、就業規則の規定がなくても、主治医の診断書に合理的な疑問が残るような場合には、会社指定の医師の診断を受けるよう業務命令を出すことは可能だと考えられます。

　会社指定の医師の診断でも復職可能という判断が出た場合には、会社が「復職できない」という判断を下すことは難しいでしょう。

　他方、会社指定の医師の判断が主治医と異なり復職不能という判断であった場合には、会社として復職を拒むこともあるでしょう。ただ、このように判断が分かれる場合、裁判になると、会社の判断が覆される（つまり、退職が認められない）可能性が相当あります。

　判断に自信がなければ、一定期間トライアル勤務を設けるなどして、**様子を見て復職の可否を判断する方が安全**です。

（2）退職勧奨の可能性

　復職可能かもしれないけれど、様々な事情で、会社として復職させるのは難しいこともあります。このような場合、退職勧奨（自主的な退職を促すこと）を行うことも考えられます。

　ただ、十分な配慮をせずに退職勧奨を行うと、症状が悪化したなどとして損害賠償請求を受けるリスクがあります。また、後から「退職の意思表示は、精神的に不安定な時にしたもので真意ではなかった」などと争われる可能性も否定できません。

　そこで、退職勧奨は、面談の人数・時間の長さなどに配慮するとともに、その場で判断させず持ち帰って検討してもらうなど、**「従業員が冷静に判断した」といえるようにする**ことは必須です。面談での留意点を事前に産業医に聞いておくことも考えられます。退職加算金と引換えに退職の意思表示をしてもらうことを検討することもあります。

8 労災事故が発生

対応を間違うと刑事罰も

CASE

　店舗の販売員Ａは、両手でゴミ袋を抱えてバックヤード通路を歩いていた。その際、掃除のあとの水気を吸い取るために置いていたダンボールにつまずき転び、腰を強く打って１週間休んだ。

正しい対応のポイント

◎労働基準監督署に必要な報告を行う。

◎早期に現場の状況の記録や事情聴取を行う。

◎示談のタイミング・内容に配慮する。

対応を誤った場合のリスク

◎労働基準監督署から「労災隠し」と判断され、刑事罰の対象となる。

◎被災した従業員本人の治療や家族への連絡が遅れ、わだかまりが生じて、示談が難しくなる。

① どんな会社でも労災事故は起こりうる

　労災事故は、製造業・建設業などで問題になることが多いです。それでも、CASE のように小売業など、どのような業種の企業にも発生する可能性があります。

　労災事故が起こると、様々な責任を問われるおそれがあります。そこで、まずどのような責任が生じうるのかを見た上で、これらの責任を負うことをできるだけ避けるための対応を説明します。

② 生じうる責任

　労災事故が起きた場合、次の通り、刑事・民事・行政の３つの観点からの責任が問題となります。事故が発生してしまった以上、これらの責任を負いうることは法的には否定しにくいこともあります。ただ、実際にこれらの責任を追及される可能性は、労災事故発生後の対応によって変わってくるのです。

（1）刑事上の責任

　労災事故が起こった場合、会社や役員・従業員は、刑法上の業務上過失致死傷罪や労働安全衛生法（安衛法）違反の罪を問われる可能性があります。刑事上の処分の判断にあたっては、被害者の感情も考慮されることがあります。

　また、④の通り、労働基準監督署（労基署）への報告が遅れた場合には、「労災隠し」として罰金刑となる可能性もあります。

（2）民事上の責任

　会社が従業員の生命・身体などの安全に配慮する義務（安全配慮義務といいます）を果たしていなかった場合などには、会社は、被災した従業員に損害賠償義務を負います（労災保険による補償は、すべての損害をカバーするわけではありません）。従業員側に落ち度があることもあ

ります。それでも、会社に落ち度があれば、会社が賠償義務を負うことになるのです。

（3）行政上の責任

　労災事故が発生した場合には、労働基準監督署（労基署）の労働基準監督官の調査が行われ、行政上の指導や是正勧告などを受けるリスクがあります。

③ 事故直後にどう対応するか

　労災事故が発生した場合、まず最優先にすべきは、被災した従業員を救出し、病院に搬送するなど、**適切な治療を受けさせる**ことです（ただし、事故原因などによっては二次災害の防止のため専門家による救助を待った方が適切な場合もあります）。

　従業員の家族への連絡もできるだけ早くしておきましょう。連絡の時間・内容等は記録化しておくことが望ましいです。後に示談の話し合いで意味を持つことがあります。

　応急措置を行った後、速やかに写真・ビデオ撮影を行って**現場の状況を記録**します。この際、現場の状況が変わらないよう、必要に応じて現場への立入を制限します。また、目撃者がいることがわかったら、記憶が薄れる前に事情聴取をしておくことも重要です。

　被災した従業員が労災申請を希望することがあります。この場合、労災であることを争わない限り、通常、会社は申請書の作成には協力することになります。具体的には、会社の証明が求められる事項について、問題がなければ証明します（会社の認識と異なる場合には、一部留保をつけて証明した上で、別途、会社としての意見を提出します）。

④ 労働基準監督署などへの報告

　従業員が労災事故で死亡したり休業したりした場合には、労基署に、**労働者死傷病報告書を提出**しなければなりません（この報告書の書式

は、厚生労働省や労働局の HP から入手することができます）。特に、死亡または 4 日以上の休業の場合は、報告を遅滞なく行うこととされているので、注意が必要です。この報告書を提出しない場合、「労災隠し」として罰金刑の対象になることがあります。そこまで至らなくても労基署の印象を悪くすることになります。

労災事故では、会社や役員・従業員個人の刑事責任が問題となり、警察などから事情聴取を受けることもあります。

労基署などが現場の実況見分を行ったり、資料の提出を求めたりする場合もあります。この場合には、必要な協力を行った上で、提出した資料についてはコピーを取って保存しておきましょう。

また、労災の場合に限りませんが、警察などから事情聴取を受ける場合には、その**説明内容が処分などに大きな影響を与える可能性がある**ことを踏まえ、次の点に注意しましょう。

□　聴取を受ける者に対して、次の 2 点を守るように伝える
　・記憶がはっきりしないことについて断定的な言い方はしない
　・供述調書に署名などをする際、誤りがないかをよく確認する
　　（細かい点でも誤りがあったら修正してもらう）
□　聴取後速やかに聞かれた内容、説明した内容を再現したメモを
　　作成させる

---

5 示談の際に注意すること

労災事故が発生した場合、被災した従業員本人や（死亡事故などの場合には）その家族と示談を行うことがあります。刑事手続の関係では、被害者と示談できていると、起訴猶予処分などにとどまる可能性が高くなります。また、経済的な負担も、訴訟になった場合と比較すると、示談の方が少なくて済むことがあります。

示談についてしばしば問題になるのはそのタイミングです。本来、示

談を行うには、従業員にどの程度の損害が生じるのかの見通しが立っていることが前提となります。そうすると、後遺障害の程度の見極めが必要になり、これを徹底すると、労災における症状固定後まで示談しないということになります。しかし、会社としては、刑事手続の関係で早く示談をしたいですし、従業員としてもできるだけ早く賠償してもらいたいと考えることもあります。そこで、実務上は、従業員側の意向を踏まえて、ある程度の後遺症を想定して計算した上で、症状固定を待たずに、示談交渉を行うこともあります。

　示談の際の主な注意点は次の通りです。

①支払金額

　金額に決まりはありません。注意したいのは、労災保険や上積み補償（就業規則で規定していることがあります）との関係です。示談金がこれらの金額を含んだものなのかを明確にしておかないと、後でトラブルになります。

②処罰を求めないことの意思表示

　刑事処分の判断では、被害者の感情が考慮されます。従業員側が難色を示して示談が困難になるような場合でない限り、会社や関係者の処罰を求めないことを明確にしてもらうことが望ましいです。

③清算条項

　今回の事故については、示談書に書いてある内容以外には、お互いに債権債務がないことを明確にします。後で請求などを蒸し返されるのを防ぐためです。

　このほか、死亡事故など従業員自身との示談が難しい場合、示談の相手が誰かにも注意します。ポイントは、可能であれば、**相続人全員を相手にする**ということです。例えば、死亡した従業員の妻のみとの間で示談が成立しても、子供から後日請求されてしまう可能性があります。

9 従業員が労働審判の申立て

実は一刻を争う事態だ

CASE

　当社は、先日、契約社員だったAとBについて期間満了で退職してもらった。ところが、数日前に、裁判所から連絡があり、「Aから、契約更新を求めて労働審判の申立てがあった」と言われた。また、昨日、県の紛争調整委員会からも、「Bが契約更新を求めてあっせんを申し立てた」という連絡があった。

正しい対応のポイント

◎労働審判の申立てがあったときは、できるだけ早く、第1回期日のための準備を行う。

◎期日の場で調停案を受け入れるかどうか判断できるように、事前に体制を整える。

◎個別労働紛争のあっせん手続は、参加しないことも選択肢となる。

対応を誤った場合のリスク

◎労働審判で、弁護士への相談が遅れるなど、第1回期日までに十分な準備ができず、労働審判委員会に従業員側に有利な心証を持たれたまま、手続が進行する。

◎労働審判で、調停の条件について期日の場で判断できず、調停成立の機会を逃す。

① 労働審判とあっせん

　CASE では雇止めを巡って紛争が生じています。ただ、ここでお伝えするのは、雇止めという内容ではなく、労働関係の紛争解決手続についてです。特に、労働紛争特有の制度で、最近注目度の高い労働審判を中心に説明します（タイトルからは離れますが、個別労働紛争のあっせん手続も最後に簡単に説明します）。

② 労働審判

（1）概要と特徴

　労働審判の大まかな流れは次の通りです。

■労働審判の流れ

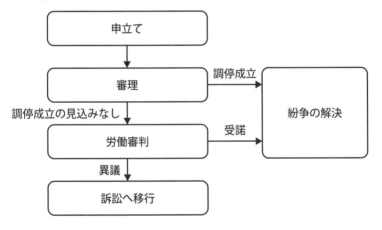

　労働審判では、労働審判委員会が双方の主張などを踏まえて形成した心証をもとに、調停（和解）による解決を試みます。調停成立ができない場合には労働審判が下されます。労働審判の内容に両者とも不満がなく受諾すればその内容で確定します。他方、一方が労働審判に不満があれば、異議申立てをすることができます。この場合には自動的に訴訟に移行します。

　労働審判の最大の特徴は、**審理の迅速性**にあります。申立てから原則

40日以内に第1回期日が開かれます。審理を行う労働審判委員会が心証を得るのは、この第1回期日です。つまり、会社が行うべき反論や証拠提出は**基本的に第1回期日の前までに行っておく必要がある**のです。手続は原則3回以内で終了してしまい、第1回の期日から1、2か月で手続が終了することもしばしばあります。

訴訟を経験したことのある方ならば、訴訟と比べると、この手続がいかに迅速なものか理解できるでしょう。訴訟では、第1審だけで10回以上の期日が開かれ、判決までの期間が1年以上に及ぶことも珍しくありません。また訴訟の第1回期日の段階では、被告の側は実質的な反論をすることは稀で、反論までに時間的余裕が与えられます。

（2）第1回期日までの準備

第1回期日は、（1）の通り申立てから40日以内に指定され、会社側の答弁書（反論文書）は期日の約1週間前までの提出が求められます。申立てから会社に連絡があるまでの日数を考えると、会社が申立書を受け取ってから答弁書提出までには30日もありません（指定された期日に都合がつかないなどの事情があれば、期日を変更してもらえることもあります。変更を希望する場合にはできるだけ早く変更の申立てを行うようにしましょう）。

（1）の通り、**第1回期日で労働審判委員会の心証は決まってしまいます**。短期間で、次のような準備をしなければなりません。

①弁護士の選任

準備期間が限られていることからすると、弁護士を代理人に選ぶことが現実的です。できるだけ早く弁護士を選任することが非常に重要です。

弁護士に相談する前に資料を整理したいなどと考えるかもしれません。しかし、準備の時間は限られています。数日の遅れでも最終的な答弁書の充実度に影響します。「知り合いの弁護士がいるから大丈夫」と思っていても、労働審判の経験がないなどの理由で断られてしまうかも

しれません。

②弁護士に対する事情説明・証拠提供

　第1回期日までに、答弁書や証拠提出によって会社の反論を一通り完結させる必要があります（第1回期日後に証拠提出などをすることもありますが、これはあくまで補充的なものと理解した方がよいです）。答弁書には従業員の主張に対する反論のほか、申立書に書かれた事実を認めるかどうか（認否）などを記載します。会社としては、申立書に書かれた**事実関係を確認した上で、弁護士に伝えます**。弁護士からは、詳細な事実関係や書類の有無などを聞かれるので、できるだけ早く対応します。

　弁護士は、説明を受けた内容や提供された証拠などを踏まえて答弁書案を作成します。会社は、事実関係に誤りがないかなどをチェックします。

③第1回期日の予定調整

　後述の通り、期日では、当事者に対して口頭での質問がなされます。そのため、申立書に記載された**事実関係をよく知る上司などの関係者も同席**する必要があります。他の予定を入れないよう、当日の予定を確保しておきます。

④第1回期日の想定問答など

　期日には、労働審判委員会のメンバー（裁判官1名と専門家2名）から両当事者の関係者に質問がなされます。相手の代理人などから、質問されることもあります。会社にとっては答えにくいことも含まれます。**事前に質問を想定してリハーサル**をしておきます。

　また、金銭を支払う形での解決ができるのかを聞かれることもよくあります。金銭解決でもよいと考える場合には、支払ってもよい上限額を検討しておきます（期日で聞かれたときにどのように答えるかは弁護士と相談してください）。

（3）第1回期日以降の流れ

　第1回期日では、質疑（審尋）などが行われた後、十分心証がとれれ
ば、調停にも時間がかけられることもあります。調停は、原則第3回期
日まで行われます。

　調停での解決を受け入れる余地があるならば、金額以外の条件も含め
て、第2回期日までには社内で詰めておく必要があります。内容につい
て、期日に提案され、その場で判断を求められることもあります。少な
くとも第2回期日以降は、**応諾の可否について判断できる方と連絡をと
れるようにしておくよう**手配しておきます。

③ 個別労働紛争のあっせん手続

　あっせんも、和解を目指す手続という点では、労働審判と共通しま
す。ただ、あっせんは申し立てられた側には参加する義務はありませ
ん。実際、あっせんの申立てがあった案件のうち3分の1を超える案件
が、当事者の一方が参加しないため、打ち切りになっています。

　あっせんが打ち切られても、従業員は労働審判などの手続を利用する
ことは可能です。会社として、「従業員側の言い分にも一理ある」と思
われるような場合には、紛争の長期化を避ける意味でも、あっせんで和
解を目指すことが合理的なこともあります。一方、「従業員側の言い分
は全く受け入れられない」と考える場合には、あっせんには参加しない
こともあります。

10 労働基準監督署が立入調査
大問題にしないためのポイント

CASE

　突然、労働基準監督署から電話があり、「立入調査を行う」と言われ、調査予定日と必要資料を指定された。

正しい対応のポイント

◎立入調査を拒否することはできないので、誠実に対応する。

◎是正勧告に従わないことの不利益は大きいので、できる限りこれらに沿う対応を行う。

◎是正勧告を守ることができない場合には、労働基準監督官に対し、報告書の提出期限の延長を願い出るなどする。

対応を誤った場合のリスク

◎立入調査で発覚した労働基準法違反について是正勧告を放置し、検察官送致され、その事実が厚生労働省のHPで公開される。

◎口頭での通知内容に対し反論の機会を逃し、免れることができたはずの是正勧告を受ける。

1 立入調査のきっかけ・流れ

　労働基準監督署（労基署）による立入調査（臨検監督）は、①地域や業種別に行われる定期的な監督の場合、②従業員からの申告があった場合、③重大な労災事故が発生した場合に行われます。労基署とは、労働法令の遵守状況を監督する厚生労働省の出先機関です。

　臨検監督の流れは以下の通りです。

■立入調査（臨検監督）の流れ

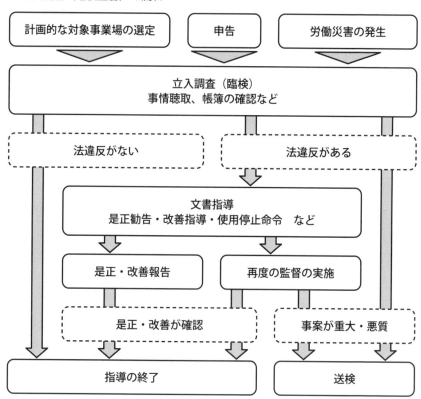

（厚生労働省パンフレットを基に一部加筆）

　CASEでは事前に臨検監督の予告がされていますが、原則として予告はありません。それでも会社は、臨検監督に協力しなければなりませ

ん。これを**拒んだ場合には刑事罰を科**せられることがあります。

　以下では、この各プロセスとともに、会社の取るべき対応について、お伝えしていきます。

② 臨検監督当日に何がされるか

　労働基準監督官などが事業所を訪れ、様々な資料の確認が行われます。例えば、組織図、労働者名簿、賃金台帳、就業規則、出退勤記録、年次有給休暇管理簿などです。

　会社は、調査をするための部屋を用意し、責任者（工場長、総務部長など）が労働基準監督官の対応をします。求められた資料のうち作成していない書類は、作成していないと説明すればよいでしょう。

　労働基準監督官は、通常、夕方には、指摘事項をまとめ、責任者に対して、後日文書で是正勧告などする点を口頭で事実上通知します。勧告などする点が少ない場合には、当日文書が交付されることもあります。**何らかの指摘は受けると考えおく方がよいでしょう。**統計によれば、約7割の事業場で労働基準関係法令違反が認められています。指摘されることが多いのは、労働時間に関する違反、賃金不払残業などです。

　もし口頭で伝えられた通知の内容に納得できない場合はどうすればよいでしょうか。その場合、労基署に対し、会社の意見を説得的に示すことができれば、是正勧告に至らないということもありえます。ただ、意見を出す際は、通常、法的な根拠を示して行うべきです。専門家と十分に相談した上で行うべきでしょう。

③ 出される文書と会社の取るべき対応

　後日文書が出される場合、社長などが労働基準監督署まで出向くことが求められます。

　出される可能性のある文書は、重たい順に、使用停止命令書・是正勧告書・指導票です。

（1）使用停止命令書

　施設や設備に安全対策上の不備があり、死亡事故などの重大な労働災害が発生する危険がある場合に出されます。具体的には、工場で、危険が認められる機械があったような場合です。使用停止命令書には、命令の内容、期日などが書かれています。

　使用停止命令には、**従う義務が会社に**あります。命令に違反して設備などを使用してしまうと罰則の対象となります。したがって、命令の内容などを争うのでなければ、これに従うことが必要になります（争う場合には、審査請求という法的な手続が用意されています）。

（2）是正勧告書

　是正勧告書では、違反事実が是正期日などとともに具体的に記載されています（例えば「労働者に対して、2割5分以上の率で計算した割増賃金を支払っていないこと（上記割増賃金の不足額については、令和○年○月○日に遡及して支払うこと）」と記載されています）。

　是正勧告は、あくまで行政指導で、法的には会社は従う義務はありません。

　しかし、会社が是正しない場合には**検察官送致（送検）される可能性**があります。実際、是正勧告書には「事案の内容に応じ送検手続を取ることがある。」と記載されています。したがって、通常、会社は**是正勧告に応じざるを得ません**。是正を行った上で、期限までに報告書を提出し、説明をすることになります。

　送検された企業については実名入りのリスト（「労働基準関係法令違反に係る公表事案」）が厚生労働省のHPで公開されています。このリストは「**ブラック企業リスト**」などと呼ばれることもあり、このリストに載ってしまうと、採用面などで大きなマイナスになってしまいます。

　勧告通りの是正を行わなかった場合、送検までされなくても、すぐに再び臨検監督が行われ、再度の是正勧告を受けることもあります。

（3）指導票

　指導は、法令違反とまではいえないものの、改善すべき事項が発見された場合や法令違反になる可能性がある場合にそれを防止する趣旨で行われるものです。法令違反とは認められない事項はすべて指導票に記載されるため、幅広い内容が記載されます。「改善措置をとられるようお願いします。なお、改善状況については、〇月〇日までに報告してください。」と記載されています。

　この指導も行政指導なので、法的には指導に従った対応を取る義務があるわけではありません。しかし、指導にも**誠実に対応する**ことが望ましいです。指導内容に応じ適切に対応をした上で、報告期限までに報告書を労基署に持参して説明することになります。

④ 完全な是正が難しい場合

　以上が原則的な対応になりますが、是正勧告について、指定された期限までに完全な是正ができないこともあります。

　その場合、できる限りの対応は行った上で、労働基準監督官に報告し、報告書の提出期限の延長を願い入れたりします。これによって延長を認めてもらえることもありますし、検察官送致は免れる可能性もあります。

11 合同労組が団体交渉申入れ

知らない団体にどう対処する?

CASE

　3年前に入社したAは、単純ミスが多く、何度注意しても改善しよう
とする意欲も見せなかったので、昨年、上司との面談を経て退職しても
らった。ところが、今年になって突然、B労働組合の執行委員長名で、
当社社長宛に「Aの退職は退職強要によるものだから復職をさせるよう
求める」などと記載された団体交渉申入書が届いた。

正しい対応のポイント

◎安易に団体交渉を拒否しない。

◎想定問答の作成、日時・場所の調整など事前準備を行う。

◎簡単に妥協するのではなく、粘り強く毅然と対応する。

対応を誤った場合のリスク

◎労働委員会へ不当労働行為の申立てを行われてしまう。

◎会社近くでのビラまき、街宣活動などの抗議活動が行われてしまう。

① 社内に労働組合がなければ組合交渉は無縁？

「うちには労働組合はないので、組合交渉なんて関係ない」と思われている中小企業の経営者もいます。そのような方は、CASE のように、突然、聞いたこともない名称の労働組合から団体交渉を要求されたら戸惑うでしょう。

労働組合の中には、**職種や産業にかかわらず組織化した労働組合**があります。これを「合同労組」「ユニオン」といいます。合同労組は、会社から見ると、社外の第三者ではあるのですが、団体交渉について、法律上は、社内の労働組合との区別はないのです。

応じなればいけない団体交渉を拒否してしまうと、労働組合法が禁止する不当労働行為（誠実交渉義務違反）になってしまいます。

そこで、どのような場合に誠実交渉義務があるのかを確認した上で、交渉にあたっての注意点を段階ごとにお伝えしていきます。

② 誠実交渉義務

合同労組の交渉要求は会社にとってはメリットのあるものではありません。交渉に応じなくて済むのであればそれに越したことはありません。

合同労組など労働組合からの要求があれば、常に交渉に応じなければいけないというわけではありません。正当な理由があれば交渉は拒否できます。正当な理由としては、例えば、次のようなものがあります。

・　組合員が自社の労働者ではない
・　組合員が管理職である
・　交渉事項が不適切である（経営（例：役員人事）に関する事項など）

ただ、これらの理由にあてはまるかを判断するのは、難しいです。例えば、CASE で「Aは退職しているのだから、当社の従業員ではないといえるのではないか」と思われるかもしれません。しかし、辞めた者で

あっても話し合いはしなさい、というのが裁判所の考え方です。

　拒否する理由がありそうだと考えて、安易に交渉拒否をしてしまうのは危険です。**不当労働行為（労働組合法違反）**にあたる場合、合同労組が労働委員会への申立てを行うなど、さらなる面倒に巻き込まれるおそれがあります。拒否する理由にあたるか不安があれば、専門家に相談した上で対応する方が望ましいです。また、交渉の拒否などを行った場合、合同労組によっては、会社近くでのビラまき、街宣活動などの抗議活動を行う可能性もあります。

　なお、会社としては、交渉するにしても、Ａと直接やり取りした方が早いと考えるかもしれません。しかし、団体交渉要求を受けているのに、合同労組を通さず、Ａとのみ話をしようとするのは避けるべきです。このような行為も、不当労働行為にあたる可能性があります。

③ 第１回期日までの準備

　団体交渉義務があるとしても、会社に義務があるのは団体交渉を誠実に行うことまでです。要求に妥協することまで求められているわけではありません。団体交渉では、誠実でありつつも、安易に妥協するのではなく、**粘り強く毅然と対応**することが会社を守ることになります。

　そのことは準備段階でもあてはまります。団体交渉申入書には、団体交渉の日時、場所、協議事項、会社側出席者、回答期限などが記載されていることが一般的です。それでも、団体交渉義務があるからといって、日時、場所、出席者などについて合同労組側の一方的な指定に応じる必要はありません。

　書面のやり取りを通じて、合同労組との間で次ページの表の事項などについて調整します。

■第1回期日までに調整する事項

調整事項	ポイント
日時	• 指定された日時では準備が間に合わない場合には、別の日時を指定する（ただし、1か月以上先の日を指定すると、反発を買うおそれがあるので注意） • 時間帯は就業時間外にする • 時間は2時間程度に区切ることが望ましい
場所	• 貸会議室の利用が無難（社内の会議室では、他の社員に不安を与えるおそれがあるし、時間の限定が難しい）
出席者・人数	• 通常、社長の出席を求められるが、応じる必要はない（人事担当の役員や人事部長は出席させる） • 双方それぞれ3、4名程度とする（大人数になると冷静な協議ができなくなるおそれがある）
録音	• 求められても応じる必要はない（ただし、会社も希望する場合に双方録音する場合はある）

　これに加えて、**交渉当日の想定問答を用意**します。特に重要なのは、合同労組が提示してきた交渉事項に関する想定問答です。

　当日、すぐに回答できない質問に対して「持ち帰って回答します」という回答もできます。しかし、想定された質問まで持ち帰ると、不当労働行為（誠実交渉義務違反）といわれかねません。そうならないよう想定問答を準備するのです。

①まず、提示された交渉事項に関し、事実を確認します。CASEの場合、退職に至る経緯を確認します。具体的には、退職前に行われた面談の回数・内容やミスの内容などです。

②次に、回答内容とその根拠を文書化しておきます。

③予想される合同労組側の反論に対する再反論を用意しておきます。

　準備不足で交渉に臨むと、相手のペースに乗せられ、理不尽な譲歩をせざるを得なくなるおそれもあります。想定問答を用意するだけでは不安な場合には、リハーサルまで行うこともあります。

④ 第1回の交渉当日

　1回目の交渉では合同労組側の主張を聞くことが中心になります。合同労組からの質問は想定問答を見ながら回答しても構いません。合同労組側が挑発的な発言をすることもありますが、**冷静に対処**しましょう。

　適宜、双方が質疑応答を行い、何が課題であるかを明確にし、第2回以降はその点に焦点を当てて交渉を継続していくことを確認します。

　事後的に、合同労組側が作成した議事録の確認を求められることもありますが、これは避けるべきです。議事録を確認して署名した場合には、その内容が労働協約や契約、つまり会社を拘束するものとなるおそれがあるからです。

⑤ 第2回以降の交渉

　交渉終了後は次回の期日までに、双方の主張の強い点・弱い点を検討し、譲歩の範囲などを検討するとともに、想定問答を見直します。

　2回目以降も交渉を重ね、妥協点（例えば、CASEで100万円の解決金を支払って、Aの退職を確認すること）が見いだせれば、労働協約を締結します。一方、話し合いが平行線となり、合意できないこともあります。その場合は、交渉事項が尽きた時点で団体交渉は打ち切りにより終了になります。ただ、交渉事項にもよりますが、3回程度は交渉しないと、不当労働行為だと判断されるリスクがあります。

　合同労組にとっても、一つの事件に時間・人数を多くさけないこともあります。組合員（CASEでいえばA）もできるだけ早く解決したいと考えることもあります。そのため、数回の交渉を経て着地点が見えてきたところで、事務折衝に移行して解決を図ることもあります。

第2章

取引先に関する
トラブル

一つの取引先への
対応の失敗が命取りに

取引先から債権を回収したい

貸し倒れを防ぐためのポイント

　長年の販売先であるＡ社から「取引先からの支払いが遅れているので、今月末期限の50万円の支払いを１か月待ってもらいたい。来月には大口の入金があるはずなので、来月末にまとめて払う」という連絡があった。同じく長年の販売先であるＢ社は、ここ２年ほど支払いが少しずつ遅れていて、未回収の売掛金が300万円を超えている。Ｂ社は、「３年間の分割払いにしてもらえないか」と言ってきた。

正しい対応のポイント

◎できる限り資料の提供を受けるなどして取引先の状況を把握し、回収可能性を検討する。

◎取引を継続する場合には、現金決済を求めるなどの検討をする。

◎訴訟などの法的手続を取るかは回収可能性を考慮して判断する。

対応を誤った場合のリスク

◎取引先の言葉を信じて漫然と取引を続けた結果、多額の貸し倒れが発生する。

◎法的手段を取ったことが信用不安を煽り、取引先の倒産の引き金となる。

1 時間との勝負でもある

　どのような対応を取るかを判断するにあたって、まずは取引先の情報を集めます。その上で、①取引を継続するかどうか、②未回収額をどのように回収するかを判断します。②の回収方法の判断は①の取引継続の有無に関わらず、必要となります。回収方法は、（ⅰ）会社同士の交渉で解決を図るか、（ⅱ）訴訟などの法的手段を取るかに分けられます。

　金銭回収のトラブルでは、（ⅰ）の交渉をほとんど経ずに（ⅱ）の法的手段を取ることもしばしばあります。他のトラブルでは、通常、任意の交渉が行き詰まった時点で法的手段を検討することとは対照的です。金銭回収の場面では、時間が経過すると、相手の財産状況が悪化して、回収が難しくなることがあるためです。

　ここでは、情報収集について簡単に触れた後、回収方法について少し詳しく説明します。最後に、取引先の倒産により資金繰りに窮してしまった場合のセーフティネットについてもお伝えします。

2 収集しておくべき情報

　支払いの遅れの原因、資金繰状況、資産・負債の状況、支払可能額などについて聞きだします。説明資料や根拠資料を提供してもらえると、法的手続の際に活用できることもあります。

　CASE のB社のように未払額が多額になってくると、分割払いを申し出てくることもあります。この場合には、**本当に分割払いができそうなのかを判断**する必要があります。

　そのためには、税務申告書や当面の資金繰表など資料の要求を検討します。金融機関やスポンサーなどからの資金調達の見込みなどについても資料提供を求めて、説明を受けることもあります。

3 会社同士の交渉で詰めておきたい事項

　交渉の中では次の事項について妥協点を探っていきます。相手の支払

いが滞っている状態なので、こちら側が、主導権を取って話し合いを進めていきます。ただ、無理な要求をすると、相手の態度が硬化し、かえって回収が難しくなることもあります。

主な注意事項は次の通りです。

（1） 支払計画

早期に全額払ってもらうことが理想ではあります。しかし、無理な計画を立てて、すぐに計画を見直すのでは意味がありません。実現可能な支払いスケジュールを意識しましょう。

相手の状況からみて全額の回収は期待できない場合もあります。この場合、一部の回収だけでも確実にするため、「**一定額の支払いを期限内に行えば、残額について放棄する**」という譲歩をすることもあります。相手に、「放棄を得られる金額まで多少無理しても支払おう」と考える動機付けをするのです。

（2） 担保等の提供

担保や保証を求めることも考えられます。最近、保証人を保護する方向への民法改正がありました。新たに保証人をつける場合には、新しい法律の内容を確認した上で行うようにしましょう。

（3） 今後の取引条件

販売先は信用不安の状態です。今後も取引を継続する場合には、与信枠の縮小、現金払いなどの取引条件の変更を検討します。

（4） 合意書の形式

合意した内容は文書化します。金額が大きい場合などには**公正証書**の作成も検討に値します。公正証書の作成には、公証役場とのやり取りが必要なため、多少の手間と費用はかかります。しかし、適切な記載をすれば、相手に再度支払いの遅れなどが生じた場合には、訴訟を提起する

ことなく、強制執行（4で説明します）が可能となります。そのこともあって、公正証書にすると、通常の合意書に比べて、相手に、期限通りの支払いを強く意識させることも期待できます。

4 話し合いで回収が難しければ法的手段を考える

　話し合いでは回収が難しい場合、法的手段を検討することになります。

　法的手段としては、まず、訴訟を思い浮かべる方が多いでしょう。

　しかし、訴訟には時間がかかります。訴訟を提起してから判決が確定するまで、短くとも3か月程度はかかります。その間に取引先の財産状態が悪化して、回収ができなくなってしまうおそれもあります。

　しかも、勝訴判決を得たとしても、判決だけでは支払いを強制できません。相手が判決の内容通りに支払ってくれず、「絵に描いた餅」になりかねないのです。

　これらの問題を解決するための制度が、①仮差押え（判決を得るまでに財産が流出しないようにする手続）、②支払督促・少額訴訟・簡易裁判所での訴訟手続（通常より迅速に進む手続）、③強制執行（判決などに基づく支払いを強制的に実現する手続）です（これらの手続の利用は必須ではなく、利用の適否は事案ごとに判断します）。

　時系列でいうと、次のような流れで進みます（仮差押えは、訴訟などの開始後に行うこともあります）。

■ 3つの法的手段の時系列

| 仮差押え | 訴訟・支払督促など | 強制執行 |

　このほか、詳しくは取り上げませんが、民事調停という手続もあります（「会社同士での話し合いでは埒が明かないが、話し合いでの解決を目指したい」という場合などに利用する制度です）。

　上の3つの手続についてもう少し説明します。

（1）仮差押え

　相手の所有する不動産、取引金融機関、売掛先などがわかっていたら、仮差押えを検討することがあります。仮差押えが認められると、対象となった不動産、預金、売掛金債権の処分できなくなります（仮差押えの時点では回収まではできません）。

　相手にとって、仮差押えは**相当な心理的プレッシャー**となります（預金口座からお金を動かせなくなることを想像してみてください）。そのため、仮差押えが成功すると、相手が協力的になり、速やかな支払いに応じてくれることもあります。

　仮差押えにあたっては次の点に注意します。

---

①　仮差押えの対象財産（不動産、預金など）を特定する必要がある
②　空振りのリスクがある（仮差押命令が出ても、その財産に価値がない場合（例えば、預金口座には残高がない）など）
③　相手が損害を被った場合の担保として保証金の用意が必要となる

　仮差押えの手続を自社のみで進めるのは難しいです。仮差押えを検討する場合には早めに弁護士に相談することをお勧めします。

（2）支払督促・少額訴訟・簡易裁判所での訴訟

　ここでは、売掛金が少額の場合や、相手が争わないことが予想される場合に考えられる、通常の訴訟以外の３つの方法をご紹介します。

　まず、**支払督促**とは、簡易裁判所に支払督促命令という命令を出してもらう制度です。手続は簡単ですが、この命令は判決と同じ効力があるのです。支払督促には次のようなメリットがあります。

①　訴訟に比べると、短期間で結論が出る（ただし、相手から異議が出ると通常の訴訟に移行してしまい、かえって時間がかかってしまうおそれがある）

② 作成する書類が単純（申立書の様式が裁判所 HP にある）

次の方法として、金額では争いがあっても、話し合いが可能な場合には、**少額訴訟**も検討に値します。少額訴訟は、請求額に60万円という上限額はありますが、期日は原則１回のみなので、短期間で判決を得ることができるという大きなメリットがあります。

また、60万円を超える金額を請求する場合でも、請求額が140万円以下であれば、**簡易裁判所での訴訟**が可能です。少額訴訟のように期日回数の限定などはありませんが、簡易迅速に手続を進めるため、通常の訴訟にはない特別なルールが用意されています。

少額訴訟や簡易裁判所での訴訟のための訴状は、裁判所 HP の「民事訴訟・少額訴訟で使う書式」内の書式を用いれば、弁護士の助けがなくても、作成は難しくありません。請求額が低額の場合は活用を検討してみるとよいでしょう。

■通常訴訟以外の方法の比較

	共通するメリット（一般的な訴訟との比較）	注意点
支払督促	・短期間で結論 ・作成する書類が単純	・相手から異議が出ると訴訟に移行
少額訴訟		・請求額の上限が60万円
簡易裁判所での訴訟		・請求額の上限が140万円 ・他の２つに比べ手続に時間が必要

（3） 強制執行

強制執行は、判決、支払督促命令、公正証書などの内容通りの回収を実現するための手続です。当然、判決などを得た後でないと、行うことができない手続です。対象財産を特定して、執行を行います。例えば、不動産を競売して代金から回収するわけです。

ただ、仮差押えと同様、対象財産の特定は必要です。勝訴判決が得ら

れれば、回収までできると誤解している方もいます。しかし、相手が支払いに応じない場合、強制執行の対象となる財産も見つけることができなければ、回収はできません。「ない袖は振れない」のは、裁判で勝訴しても変わらないのです。

（4）法的手段を選択する際の注意点

　法的手段（特に仮差押えや訴訟）を選択した場合、取引先の信用不安を招き、結果として倒産の引き金となってしまうこともあります。

　そして、訴訟などの法的手続を開始しても、破産などの法的整理が始まってしまうと、手続は止まってしまいます。その時点で未回収の債権については、たとえ勝訴判決を得ていたとしても、法的整理の手続内で配当を受けることしかできなくなります。

⑤ 取引先が倒産した場合の融資制度

　取引先の倒産によって自社の資金繰りに窮するような場合、セーフティネットとして、次のような融資制度があります。

■代表的なセーフティネット

名称	概要	最大融資額	詳細
セーフティネット貸付 （取引企業倒産対応資金）	取引企業などの倒産により経営に困難を生じた場合に、日本政策金融公庫から貸付を受ける制度	1億5000万円（他の融資と別枠）	日本政策金融公庫HP
セーフティネット保証制度	大型倒産事業者に対して売掛金債権等を有している中小企業者が信用保証協会付の融資を受けるための制度	2億8000万円（一般保証とは別枠）	中小企業庁HP

　これらのほかにも、自治体などが中小企業の資金繰りのために独自の融資制度を用意していることがあります。関心のある方は地元の**自治体や中小企業診断士**に相談してみるとよいでしょう。

2 仕入先の破産危機
二重払いを避けるために

CASE

　仕入先であるA社・B社・C社は、資金繰りが苦しいといううわさがあった。最近、A社から、代理人の弁護士の名前で、裁判所に対し破産手続を申し立てたとの連絡があった。また、B社に対する買掛金について、突然、裁判所から仮差押決定書が届いた。さらに、C社に対する買掛金について、裁判所から債権差押通知書が届いた。

正しい対応のポイント

◎仕入先が破産しそうな場合には、支払いの時期・相手・根拠がわかる書類（支払指示書、振込依頼書控え、領収書など）を保管しておく。

◎破産手続開始決定後の支払いは破産管財人に対して行う。

◎（仮）差押えがあった場合には、仕入先に対して支払いはできなくなる。

対応を誤った場合のリスク

◎支払受領権限のない者に支払ってしまい、二重払いを強いられる。

◎誰に支払えばよいかわからず支払いをしなかったら、後で遅延損害金の負担を求められる。

① 仕入先が破産した／しそうな場合

　仕入先が危機時期にある場合、買掛金を誰に払えばよいか悩むことがあります。実際、そこで支払先を誤った場合、**二重払い**を強いられるおそれがあります。万が一にもそのようなことにならないよう、仕入先が破産した／しそうな場合、仕入先の債権が（仮）差押えを受けた場合の２つに分けて、ポイントをお伝えします。

　仕入先が破産した／しそうな場合、買掛金を支払わなくてよくなるのではないかと期待する方もいます。しかし、仕入先の状況によって自社の債務がなくなったり、軽減されたりすることはありません。無理な減額交渉などをしても、支払いを免れることはできません。支払いを遅らせると、遅延損害金の支払いを求められることにもなりかねないので、注意が必要です。

　逆に、仕入先が破産した場合などには、大変な面倒に巻き込まれるのではないかと心配する方もいます。しかし、仕入先などの支払先が破産したからといって不利益（例えば、前倒しの支払いが求められるなど）が生じることはありません。また、例えば、自社でも仕入先に債権があり、相殺できるのであれば、相殺することも可能です。

（1）既に破産しているかどうかの確認

　CASE のような場合、まず、支払おうとしているタイミングで既に破産しているかどうかを確認する必要があります。破産手続は、申立てを受けた裁判所が破産手続開始決定を行うことにより開始します。

　このタイミングで、売掛金などの支払いを受ける権限は、仕入先の会社から、裁判所が選任した**破産管財人（弁護士）**に移ります。つまり、破産手続開始の前後で、支払いの相手が変わるのです。

　破産手続開始決定は、通常、**申立てから数日〜１週間程度**かかります。開始決定の有無は、インターネット上のニュースなどで確認できることもあります。CASE のように弁護士名で文書が送られてきた場合に

は、その弁護士に問い合わせれば教えてもらえるはずです。

（2）既に破産している場合

既に破産している場合（＝破産手続開始決定があった場合）、支払いを受ける権限は破産管財人に移っています。したがって、買掛金の**支払いは破産管財人に対して行う**ことになります。

（3）破産しそうな場合

破産手続開始決定前であれば、これまで通り、**支払いは仕入先宛て**に行います。特に指定がない限り、同じ口座への振込などによって行います。これに対して、例えば、仕入先の従業員が「非常事態なので現金払いをしてほしい」と回収にきても、安易に応じるのは危険です。

CASE のように、破産手続開始決定前に弁護士名の通知がくる場合、破産管財人の決定前の支払いは、弁護士の預り金口座への振込で行うよう依頼されることがあります。仕入先の社長に問い合わせなどしてその弁護士が会社から適切に委任を受けていることが確認できれば、弁護士の依頼に従って支払いを行うことが安全です。

仕入先が破産しそうな場合には、支払いの時期・相手・根拠がわかるような証拠（支払指示書、振込依頼書控え、領収書など）を保管しておくことも忘れないようにしましょう。

② 債権差押通知書などが届いた場合

（1）（仮）差押えとは何か

債権の差押えも仮差押えも、対象となる売掛金などの債権の債務者に対し、その支払いを禁止するものです。（仮）差押えに関する主な関係者は、次ページの図の通りです。自社が支払う買掛金（仕入先からみると売掛金）の（仮）差押えがあった場合、手続の中では、自社を「第三債務者」、仕入先を「債務者」、差押えを行った者を「債権者」と呼びます。

■（仮）差押えに関する主な関係者

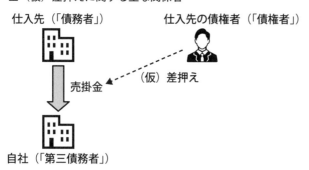

仕入先（「債務者」）　　　仕入先の債権者（「債権者」）

売掛金　　（仮）差押え

自社（「第三債務者」）

　仮差押えと差押えは、ともに「債権者」が債権を回収するために利用するものです。CASE のような場合、対象となっている売掛金などの取り立てなどによって、「債務者」（仕入先）の財産を差し押さえ、自分の債権の回収を図るわけです。

　「債権者」の債権回収の段階によって差押えと仮差押えは使い分けられます。差押えは、強制的に回収できる段階で利用します。例えば、訴訟で判決を得ている場合です。これに対して、仮差押えは、まだ判決などは得ていない段階で、すぐには強制的な回収はできない場合に使われます。すぐには回収できない場合に、「債務者」の財産を保全しないと回収ができなくなりそうなときに利用されるのです。

■仮差押えと差押えの違い

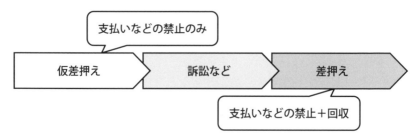

支払いなどの禁止のみ

仮差押え　　訴訟など　　差押え

支払いなどの禁止＋回収

（2）仕入先に対しては支払いができなくなる

　このように、（仮）差押えにより「債務者」に対する支払いが禁止さ

れ、「債務者」（仕入先）への支払いはできなくなります。

　早急に経理担当などに支払手続の状況を確認し、**今後の支払いを止めるよう指示**することが必要です。たとえ仕入先が「債権者とは話をつけるので、とにかくうちに払ってほしい」と強く言ってきても、これに応じるのは危険です。仕入先に支払った場合には二重払いのリスクを負うことになります。

　既に取引銀行に振込依頼などを行ってしまっていた場合には、その**振込依頼を撤回**するよう努力します。運悪く、銀行側のシステムの都合などにより撤回が間に合わないこともありえます。その場合、その事情を説明できるよう、銀行とのやり取りを記録するなど、証拠を収集・保存しておくことが重要です。

（3）差押えがあった場合の支払いはどうすればよいか

　（仮差押えではなく）差押えが行われた場合、債権差押通知書が裁判所から「債務者」（仕入先）に送達されて、1週間経つと、「債権者」は、「第三債務者」である自社に対して支払いを請求できます。具体的な場面でこの請求に応じる必要があるかについては、細かいルールがあります。債権者から支払いを求められた場合には、裁判所に相談すると、丁寧に教えてくれることもあります。

（4）仮差押えがあった場合の支払いはどうすればよいか

　仮差押えがあった場合には、仕入先に対する支払いが禁止される一方、「債権者」に対する支払いもできません。しかし、支払期限を過ぎてしまうと、支払遅延による責任を負うことになりかねません。（仮）差押えの状態が長期間継続することもありえるので、このリスクは無視できないものとなります。

　このようなリスクは**供託**を行うことで回避できます。供託の手続は供託所（法務局）で確認できます。供託を行った場合、裁判所に届出をする必要があるので、忘れないようにしましょう。

3 長年の取引先との取引終了

契約書の内容がすべてか?

CASE

メーカーである当社は、長年、製品の運送をA社1社に委託していたが、その高額な運送料は、当社には大きな負担となっていた。ただ、当社製品の運送には、車両に特殊な加工が必要なこともあり、当社が値下げをお願いしても、A社は一切応じてくれなかった。しかし、最近、B社から、割安な運送料での提案があった。当社としては、A社との取引をやめて、B社に切り替えたいと考えている。

正しい対応のポイント

◎契約を終了させるための契約上の根拠を確認する。

◎相手にとって重要な契約の終了を申し入れる際は、終了が「やむを得ない」といえる事情があるかを確認する。

◎契約終了が「やむを得ない」とまでは断言できない場合は、長めの予告期間の確保や補償金の提供を検討する。

対応を誤った場合のリスク

◎契約書にある予告期間ぎりぎりに解約を申し入れたら、取引相手の強い反発にあい、訴訟の結果、損害賠償の負担を負う。

◎独占禁止法違反を疑われ、公正取引委員会の調査を受ける。

1 契約書通りにはいかない可能性がある

　契約を終了させるためには、契約上の根拠が必要です。そこで、契約を終了させるための条件につき契約書をよく確認します。

　企業間の取引の場合、契約書に根拠となる条項があれば、本来は、その内容通りに契約を終了させられるはずです。ところが、継続的な取引について契約書の記載通りに終了を認めてしまうと、**一方に不測の大きなダメージを与えてしまう**ことがあります。そのため、裁判になった場合には、契約書の記載通りの結論にならないこともあります。「契約書には書いていないが、契約終了には『やむを得ない』といえるような事情が必要だ」などと判断されてしまうのです。

　そこで、以下では、継続的な取引終了の場面でどのようなリスクがあるかを簡単に見た上で、契約書のチェックのポイントや「やむを得ない」といえるかの判断をする際に考慮する事情について取り上げます。最後に契約終了の交渉をする際の注意点をお伝えします。

　契約終了の可否を巡る問題は、取引を終了させようとする側（CASEの「当社」）だけでなく、取引を終了させられる側（CASEのA社）にとっても対応に悩むことがしばしばあります。後者（A社）の立場になった場合には、本解説で述べる点から反論材料がないかを検討することになります。

2 取引終了時に生じうるリスクは何か

　契約の終了が相手のビジネスに大きなダメージとなる場合もあります。この場合、相手は強く反発してくることを想定しておきましょう。「窮鼠猫を噛む」事態になりかねないのです。

（1）損害賠償請求など

　まず、損害賠償などを求めて訴訟を提起されることがあります。損害賠償請求が認められる場合、取引により得られる利益の**6〜12か月程度**

の金額が賠償額となることが多いようです。事情によってはそれ以上の金額になることもありますし、投下した資本を回収していないといえる場合にはその未回収分も考慮されることもあります。

（2）独占禁止法違反

また、相手が、独占禁止法違反であるなどと主張してくることもあります。CASE でいえば、A社が、「値下げ交渉に応じなかったことを理由に、当社との取引を終了させた」といって、独占禁止法が禁止する「優越的地位の濫用」にあたる、などと主張するのです。この場合、相手が、公正取引委員会に相談したり、独占禁止法に基づく差止請求を起こしたりする可能性も否定できません（ただし、相談を受けて公正取引委員会が正式な審査を行う可能性は高くはありませんし、差止請求が認められるための条件も厳しいです）。

③ 契約内容を確認して終了の方法を検討する

契約を終了させるためには、契約上の根拠が必要です。

終了の方法についてはいくつかタイプがあります。代表的なものは次の通りです。

---

① 期間を定めている契約の中途解約の申入れ

② 期間を定めている契約の更新拒絶（期間満了）

③ 取引相手の契約違反（債務不履行）を理由とする解除

それぞれのタイプに応じて適切な契約上の根拠（条項）があるかを確認し、そこで定められた手続に従った対応をします。

①の根拠となるのは、例えば「甲および乙は、相手方に対して解約希望日の3か月前までに書面をもって告知することにより本契約を解約することができるものとする。」というような条項です。

この例では、３か月以上先の日を解約日とした通知書を送ることが最低限必要になります。

次に、②の根拠となる条項は次のようなものです。

第○条　本契約の期間は、○年○月○日から３年とする。ただし、期間満了日の２か月前までに、いずれの契約当事者からも異議のない場合には、本契約と同一の条件でさらに３年更新されるものとし、その後も同様とする。

上の例の場合、契約更新日を確認し、契約で定められた期限（上の例では更新日の２か月前）までに更新拒絶の通知をすることが必要です。この期限が過ぎると、契約は自動更新されてしまいます。

③は、「契約解除」などのタイトルのついている条文の内容を確認します。契約上の条文のほかに、民法の条文が根拠になることもあります。例えば、相手が、債務不履行後、催告を受けても相当期間内に債務を履行しない場合は、契約書に規定がなくても、民法541条に基づいて契約を解除することができます。

これらのように、契約上の条項（それがなければ民法の条項）を確認して、そこで定められた手続を取ることが最低限必要です。

④ 「やむを得ない」といえる事情とはどのようなものか

その契約が相手にとってそれほど重要でない場合には、上のような手続をとれば契約を終了させることができます。

しかし、前述②の通り、相手にとって重要な契約を終了させようとする場合、相手は強硬な対応をしてくることがあります。そして、「やむを得ない」といえるような事情がないと、裁判でも、自社に不利な結論になってしまう可能性もあります。

契約終了の判断にあたって「やむを得ない」といえるかを判断する際に、チェックすべき主なポイントは次の通りです（裁判では、他の事情

（例えば、⑤で触れる予告期間などの不利益軽減措置の有無）も考慮されることがあります）。

---

① 相手の落ち度など
② 契約終了の相手への影響
③ 自社にとっての契約解消の必要性

　相手が、「『やむを得ない』事情はない」という言い方ではなく、「信義誠実の原則（信義則）に反する」「権利濫用である」などという表現をすることもあります。その場合も考える事情は同じです。「優越的地位の濫用」の主張の場合も、ほぼ同様の事情を考慮します。
　上の各要素について、もう少し具体的に見てみましょう。

（1）相手の落ち度など

　相手に次の事情があれば、契約終了が認められやすくなります。

□　契約違反
□　背信的行為
□　営業成績不振・信用不安

　特に重大な契約違反や背信的行為があった場合には、他の事情を考慮するまでもなく、契約終了が認められる場合もあります。
　逆に、相手の自社への貢献度が大きい場合には、契約終了が認められにくくなることもあります。

（2）契約終了の相手への影響

　相手にとって**影響が大きいほど、契約の終了は認めるべきではない**という判断に傾きやすくなります。この判断にあたっては、取引依存度や、他の取引先を見つける容易さなどを考慮します。また、自社との取

引のために多額の初期投資をしていて、その投資が回収できていない場合には、契約終了は認められにくくなります（その投資を新しい取引先との取引でも活用できる場合は別です）。

（3）自社にとっての契約解消の必要性

「やむを得ない」といえるかの判断にあたって、解消しようとする側の事情も考慮されます。例えば、次のような事情です。

> ☐　経営方針・事業戦略の変更
> ☐　財政状態の悪化、経営合理化の必要性
> ☐　状況改善のための相手との協議

5 取引終了のための交渉の場での留意点

裁判官は、「やむを得ない」といえるかは、4で取り上げた要素に加えて、予告期間、補償金などの不利益軽減措置も含めて、総合的に考慮した上で判断します。したがって、ほとんどの場合、自社だけで「やむを得ない」とは簡単には断言できないでしょう。

そこで、いきなり関係を解消するのではなく、できれば、まずは**関係改善のための協議**を行います。それでも関係継続は難しいと判断した場合も、契約終了の申入れにあたって、予告期間を十分に設けることが望ましいです。例えば、契約書上は3か月前に予告すればよいとされていても、1年以上前に予告することもあります。そうではなく、契約書通り、3か月前に、説明もなく、解約予告の通知書を一方的に送り付けてしまうと、相手の感情的な反応を招くおそれもあります。

十分な予告期間が取れないときには、相手の出方に応じて、紛争を回避するためには、補償金の支払いを検討した方がよい場合もあるでしょう。

4 仕入先の一時操業停止

法律を知っていれば即解決?

CASE

　当社は、A社との間で、部品αを継続的に購入する契約を結んでいる。ところが、A社は、感染症拡大の影響で操業を一時停止してしまった。

　悪いことに、当社は、B社との間で、部品αを用いた大型機械β1台を販売する契約を結んでいた。部品αを購入できないと、B社にも機械βを期限通りに納品できなくなる。

　部品αの購入ができない以上、機械βの製造に関連する事業は当面休止し、従業員も休業させたい。

正しい対応のポイント

◎取引先に損害賠償責任を負うか（または損害賠償請求できるか）を検討するには、まず契約書の内容を確認する。

◎契約書の内容でははっきり判断できない場合には、帰責事由の有無が問題となる。ただし、帰責事由の有無の判断は難しく、そのことを前提に妥協案を探ることも多い。

◎従業員の自宅待機につき休業手当を支払う必要があるかを判断する。

対応を誤った場合のリスク

◎十分検討しないまま、法的に必要のない損害賠償に応じる。

◎従業員に必要な休業手当を支払うのを怠って、従業員のやる気が下がる。

① 検討すべき3つの問題

　新型コロナウイルス感染症の拡大局面のように、突然、CASEのような事態に陥ることがあります。この場合、法的には、三者の関係で、それぞれ検討すべき問題があります。具体的には次の通りです。

①仕入先A社に対して、部品αの購入ができなくなったことを理由に、損害賠償請求できるか

②販売先B社に対して、機械βの販売ができなくなったことを理由に、損害賠償責任を負うか

③事業を一部休止した場合、従業員に対して、休業補償などを行う必要があるか

　この3つの問題についてそれぞれ見ていきましょう。

（このほか、説明は省略しますが、解除の可否（仕入先A社との契約を解除できるか、販売先B社から契約を解除されてしまうか）なども問題となることがあります）

② 操業停止した会社への対応

　仕入先A社に対して、部品αの購入ができなくなったことを理由に損害賠償を請求できるでしょうか。

　この判断にあたっては、まず、契約書の内容を確認します。その内容が明確であれば、基本的にはそれに従って判断することになります。

　例えば、仕入先との取引基本契約書では、個別の取引についての契約は、注文書などのやり取りなどを通じて成立させることが多いです。そこで、まず**個別契約が成立しているか**を確認します。CASEで、部品αの売買について、A社との間で個別契約が成立していなかった（例えば、注文書を出した直後に、A社から「部品αを納入できない」という連絡がきた）とします。この場合、個別契約は成立していないので、基本的にA社に損害賠償などはできないことになります。

　個別契約が成立した場合の責任についても、契約書を確認します。例

えば、契約書の中に、次のような規定があったとします。

第○条　売主は、期限までに製品を納品できなかった場合、その帰責事由の有無を問わず、買主に生じた一切の責任を賠償するものとする。

この場合、売主は、ほぼ無条件に、買主に生じた損害の賠償をすべき義務を負います。CASE でこの規定があれば、当社は、A社に対して、損害賠償請求することができることになります。

このように、まず**契約書の規定で判断できる場合**はそれに従うことになります。

他方、契約書の記載だけでは判断できないこともあります。この場合には、民法が定めるルールによって処理します。契約上の義務を履行できなかった場合の損害賠償に関する民法のルールは「契約上の義務を履行できなかった者は、自分に帰責事由がないといえない限り、その不履行によって相手に生じた損害を賠償する責任を負う」というものです。

この中で意味がわかりにくいのは「**帰責事由**」という用語でしょう。帰責事由がないといえるのは、例えば「義務は履行できなかったが、それは社会常識などから判断して自社の責任とはいえない」といえるような場合です。CASE で「A社は、他社と比較して、感染症対策に熱心に取り組んでいて、事業継続計画（BCP）でも充実したバックアッププランを準備していた。それでもA社は操業停止に追い込まれた」としましょう。この場合には、義務の不履行は不可抗力によると判断され、A社に対する損害賠償請求は、難しくなるかもしれません。

ただ、実際問題として、交渉の段階で、帰責事由があるかどうかを**明確に判断することは難しい**ことがほとんどでしょう。実務的には、そのことを前提に、双方で妥協案を探っていくことも多いでしょう。

③ 他の取引先への対応

「販売先B社に対して損害賠償責任を負うか」という問題は、「仕入先A社に対して損害賠償請求できるか」という問題と、立場は入れ替わりますが、基本的には同じ議論になります。

ただ、大型機械の売買などで責任が問題になるケースは、通常、個別契約が成立していることは否定できないでしょう。

他方、契約書の「**不可抗力**」に関する規定の中で、「売主の部品仕入先のストライキや債務不履行」が規定されていることがあります。このような場合は、不可抗力を理由に損害賠償責任を拒むことも考えられます（ただし、当然に免責が認められるわけではありません。回避や克服が容易な場合（例えば、合理的な金額で他社からの部品の仕入れが容易である場合）には、責任を否定することは難しくなります）。

また、契約書の中では不可抗力などの規定がなくでも、CASEで、B社が、部品αについてはA社製であることを指定したような場合には、B社に納品できなくなった原因はB社にあるといえます。そのため、「当社は、B社に対して損害賠償責任を負わない」という主張が可能となるでしょう。

④ 従業員への対応

事業を休止する場合、一時的に仕事がなくなった従業員を**自宅待機など休業させる**ことになるでしょう。この場合、休業補償などが必要かが問題になります。

従業員を自宅待機させる場合、従業員に対する支払義務は、自宅待機の原因に応じて、次の3通りに整理できます。

---

①会社側に故意・過失などがある場合
　→給与全額を支払う必要がある
②経営上の障害による

→休業手当（平均賃金の60%以上）を支払う必要がある

③それ以外（不可抗力）

→一切支払わなくてよい

　CASEのような場合には、A社の操業停止には、会社の故意・過失などはないので、①には当たりません。問題は、不可抗力（③）といえるか、それとも経営上の障害（②）となるのかの判断です。この判断は、個別の事例ごとの判断になりますので、明確な判断基準を示すのは難しいです。

　ただ、CASEのような場合について、厚生労働省は、**次のような事情を総合的に勘案**して判断する必要があるという見解を示しています（「新型コロナウイルスに関するＱ＆Ａ　4　労働者を休ませる場合の措置　問5」参照）。

・取引先への依存の程度

・他の代替手段の可能性

・事業休止からの期間

・会社としての休業回避のための具体的努力　など

　この見解からすると、CASEで、例えば、部品 α はA社独自の技術によるもので、他社は製造できないような場合などには、機械 β の製造はできないので、他の代替手段がないとして、法的には休業補償は不要だといえることもあるでしょう。他方、ほかに人手が不足している部署があるのに、十分検討もせずに休業させた場合には、休業回避のための具体的努力が足りないとして、休業補償が必要だという判断に傾きやすくなります。

　もちろん、従業員への支払いの適否も**法的義務の有無だけで決まるものではありません**。経営判断として、従業員の生活や、やる気の維持なども考慮して、法的に必要な範囲を超えて支払いをすることもありえます。

5 工事・システム開発の不具合

大金を払っている以上、当然賠償してもらえる?

CASE

①当社は、建設業者A社との間で、本社ビルのリフォーム工事契約を締結した。しかし、引渡後に点検してみると、雑な工事であることが判明した。若干傾いている床があるし、地下駐車場にはクラック（ひび割れ）が生じている箇所もある。そればかりでなく、現物が設計図と違う箇所も何か所かある。

②当社は、システム開発業者B社と契約を結び、業務に必要な情報管理プログラムの開発を委託していた。納品後に使用してみると、当初の発注とは違う仕様になっている箇所があるし、急に画面がシャットダウンするなど、プログラムにバグが相次いで発生している。

正しい対応のポイント

◎訴訟になった場合のコストなどを考慮して、交渉段階で妥協して解決することを選択肢に入れる。

◎当事者間での話し合いでは解決しない場合には、調停制度の利用も検討する。

対応を誤った場合のリスク

◎訴訟まで争ったが、結局、当初に業者側が提示した程度の賠償しか受けられない。

◎徹底的に争うための検討に、想定外の費用・時間・手間がかかる。

1 工事とシステム開発の共通点

　工事とシステム開発には、いくつか共通点があります。例えば、どちらも、発注者（工事では施主、システム開発ではユーザーと呼ばれる側です）は多額の費用を負担しています。また、発注者からすると専門家である業者の仕事に不満を持ちやすいことや、仕様などの合意内容に争いが生じやすいことなども共通しています。

　紛争の類型は様々ですが、ここでは建物やシステムの不具合が生じたケースについて考えてみます。

　まず、このようなケースで業者に請求できる根拠（あるいは報酬請求を拒む根拠）について簡単に説明した後、なぜこの種の紛争がもめるのかということを取り上げます。最後に、発注する側の会社として、注意しておきたい点をお伝えします。

2 業者に契約不適合責任を追及できる可能性がある

　CASEのような場合に、業者に対して追及する責任は、契約不適合責任というものです。発想はシンプルです。**仕事の内容が契約内容と異なる場合**に、契約内容通りにするために必要な費用や、仕事が契約内容通りならば得られたはずの利益などの賠償を求めるのです。

■契約不適合責任の中身

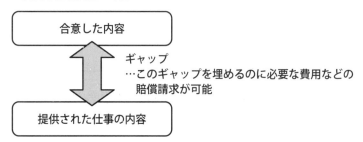

　なお、「契約不適合」という表現は聞いたことがない方も、「瑕疵」という表現は聞いたことがあるかもしれません。両者は同じものだと考え

ていただいて構いません（2020年4月に施行された民法改正によって、呼び方が変わりましたが、概念はほぼ同じなのです）。

③ 請求を行うためのハードル

　ところが、実際に、契約不適合責任を理由に、建設業者やシステム開発業者に請求しようとすると、次のようなハードルがあります。

（1）仕様等に関する合意内容の確定の難しさ

　まず、どのような仕様等の合意があったかについてもめることが非常に多いです。「設計図・要件定義書などを見ればいいだけではないか」と思うかもしれません。しかし、例えば、実際に**作業を開始した後、内容が変更**されることが多々あります。はっきりした証拠が残っていないと「言った／言わない」の水掛け論になりがちです。

　業者側の言い分に反論できるようにするためには、関係資料を徹底的に分析する必要があるのです。それでも、訴訟となった場合、どのような判断がくだされるのか、見通しが立てにくいことが多いのもこの種の紛争の特徴です。

（2）多少の不具合は「契約不適合」とは評価されないおそれ

　発注する側からすると、大金を払ってプロに頼んでいる以上、完璧な仕上がりが当然だと考えます。壁にクラックがあったり、システムにバグが発生すれば、「契約不適合」であり、業者に対して損害賠償などを請求できると考えるでしょう。しかし、法律上は、程度などによっては、クラックやバグなどが「契約不適合」にあたるとは判断してもらえないこともあるのです。

　また、建築紛争では、設計図と多少違っていても、その変更は業者の裁量の範囲であり、**問題はないと判断されてしまう**こともあります。

（3）解決までの手間・時間・費用

　訴訟提起前でも、本格的に交渉しようとすると、資料の分析が必要になります。この作業は、その分野の専門家ではない発注者側にとって容易ではありません。担当者は相当の労力を費やすことになります。建築紛争では、弁護士だけではなく建築士の知見が必要なこことも多く、そのための費用も無視できません。システム関連紛争では、調査すべき資料の量が膨大になることも少なくありません。

　訴訟提起後も、他の紛争類型よりも、判決などまでの**期間は長期化**しがちです。解決までの長期間化は、担当者の負担増加に直結します。

（4）請求できる損害の範囲の狭さ

　これは契約不適合責任の場面に限られないのですが、請求する側からすると、法律上、請求できる損害の範囲は狭く感じます。もちろん、合理的な範囲でのやり直し費用などは請求できます。しかし、請求する会社は、例えば、この問題の対応について弁護士などに相談するため、相当の時間を費やすことになり、その分、他の業務はできないことになります。しかし、その時間分の費用の請求は通常できません。また、思い入れのある建物やシステムに不具合がある以上、慰謝料を請求したいと考える方もいます。しかし、このような紛争で、慰謝料の賠償が認められるケースは稀です。

④ 訴訟提起前に交渉をすること

　このような事情から、発注する側としては、「訴訟になっても、負担が大きい割には、期待できる成果は得られにくい」ということは、どのような対応を行うかを判断する上で、必ず理解しておきたい点です。少なくとも、**急いで訴訟を起こすのは得策ではありません。**

　では、受注する業者はどうでしょうか。訴訟が大きな負担になるのは業者も同じです。自社の評判への影響などを考えると、自社の仕事の出来を巡って紛争が深刻化することを避けたいと思う業者も多いです。

そのため、このタイプの紛争では、いきなり訴訟になることは稀です。業者の仕事の問題点を認識してから訴訟提起までは、通常は、短くても半年程度、長いと1年以上かかるものもあります。請求が認められる可能性の検討などにそれだけの時間がかかるのです。

　訴訟提起前の交渉の段階で理解したいのは次の2点です。

（1）冷静な判断が重要

　業者と交渉している間に、専門家の意見なども聞きつつ、どの程度の請求が認められるかについておおよその目途をつけ、業者との妥協点を探っていきます。

　業者は、発注者以上に訴訟を避けたいと考える傾向が強いので、それなりに合理的な解決案を提示してくることもあります。もちろん、発注者としては納得できないことが多いでしょう。それでも、経済的に見れば、一定の譲歩をしても紛争を終わらせた方がよい場合もあります。

　この種の紛争で、不適切な仕事をされた発注者が感情的になるのは無理もないことです。しかし、紛争が泥沼化して訴訟のステージに移行すると、③で述べたような手間・時間・費用がかかります。本業には直接関係しない紛争でそれだけコストをかけるのは割に合わず、冷静に考えれば紛争を終わらせるべき場合もあるでしょう。

（2）調停制度利用の可能性

　当事者間での話し合いでは、どうしても納得がいかないという場合でも、いきなり訴訟ではなく、調停制度を利用することも考えられます。第三者が間に入ることで、冷静な議論がしやすくなりますし、訴訟の場合と比較すると、短期間での解決が期待できます。建築紛争もソフトウェア関連紛争も、専門的な紛争解決機関による調停制度があります（建設工事紛争審査会やソフトウェア紛争解決センターなど）。

クレーマーからの執拗な電話

やり取りを記録し、証拠とする

CASE

　当社はスーパーを経営しているが、顧客Aから「おたくの総菜を買ったら、中に小さい金属片が入っていた。噛んだ歯がうずいて夜も眠れない」などと言われている。最初に対応した当社のパート従業員の態度が気に食わなかったらしく、ほぼ毎日、本社に電話があり、1時間以上電話を切ってくれない。電話の内容は、歯が痛むこと、パート従業員が失礼であることなど、同じ話の繰り返しで、担当者は疲れ切ってしまっている。

正しい対応のポイント

◎やり取りを記録に残す。

◎1名の担当者にすべてを任せない。

◎金銭などを求められた場合には根拠資料を提示させる。

◎脅し文句に動揺しない。

◎合意書には口外禁止条項などを入れる。

対応を誤った場合のリスク

◎担当従業員がうつ状態になり、退職する。

◎「これで終われば」と思い、クレーマーの最初の要求に応じても、それで終わらず、さらに要求がエスカレートする。

① クレーマーとは

クレーマーになるのは、消費者に限りません。取引先の経営者・担当者がこのようなクレーマーになることもあります。ここでいうクレーマーは単にクレームを言ってくる人ではなく、不当要求（悪質なクレーム）を行う顧客のことを想定しています。

①では、クレーマーとはどういう人を指すのかなどを見た上で、②でクレーマー対応のポイントを整理します。

（1）クレーマーの線引き

クレーマーが不当要求を行う顧客だとすると、不当要求とそれ以外のクレームとは何が違うのでしょうか。実は、この区別について国などが定めた定義はありません。ただ、クレームの内容が次の3条件のうち、一つでも当てはまると悪質なクレームと評価することができます。

① 根拠が不明確（例：CASEで、「金属片自体は気持ち悪いから廃棄した」などと言って、証拠を見せない）

② 要求が過大（例：CASEで、惣菜を口に入れる前に発見し、実質的な被害はないのに、10万円の慰謝料の支払いを求める）

③ 態度が不相当（例：店舗内でクレームを大声で言う。毎日のように電話してくる）

とはいえ、この3条件も判断基準は曖昧です。例えば、②が、法的責任を少しでも超えるような要求を含むとすれば、多くのクレームが不当要求になりかねません。

どこで線を引くかは、各社ごとに判断するしかありません。クレーマーだと判断した時点で、その顧客との関係を解消し、今後も取引を行わないことになります。この点の線引きは会社ごとの経営判断によるしかないのです。

（2）クレーマーの法的責任の可能性

　クレーマーの言動は、時として、刑事罰の対象となるほどエスカレートします。刑事罰の対象となるのは、暴行などを伴う場合だけでなく、次のような行為も犯罪に該当することがあります。

■犯罪となりうる行為

行　為	罪　名
長時間店舗内で大声を出して担当者を威圧する	業務妨害罪
店舗内で長時間クレームを言い続け、担当者から退去を求められても、応じない	不退去罪
インターネット上に虚偽の内容を書き込んで、会社の評判を落とす	名誉毀損罪

　こうしてみると、自社のクレーマーの言動も犯罪にあたる場合もあるのではないでしょうか。犯罪となる可能性があったとしても、警察が動いてくれるとは限りません。しかし、店舗内で大声で長時間怒鳴り散らし、退去を求めても、一切応じないようなクレーマーには、その場で、**警察に通報することも検討**に値します。

２ 対応の際の留意点

（1）やり取りの記録を残す

　クレーマーだと判断した時点で、それ以降のやり取りは、**録音など**によって記録化することが重要です。１（2）で述べたように、犯罪になりうる言動をすることもあり、その場合には重要な証拠となります。そこまでいかなくても、クレーマーが、言い分を自分の都合のいいように変化させたり、問題を蒸し返したりすることはよくあります。このときに適切に反論できるようにしておくのです。

（2）担当者１名に任せきりにしない

　クレーマー対応は誰しもできれば避けたい業務です。そのため、その

対応を、最初の担当者など特定の従業員に任せがちになります。

しかし、このようなことは避けるべきです。直接やり取りする担当者はある程度固定するにしても、**周囲がフォロー**し、相談しながら進めていくことが重要です。任せきりにしてしまうと、その担当者の精神的負担は大変重いものになります。担当者が冷静な判断力を失ってしまい、不適切な対応（自腹で賠償するなど）をすることになりかねません。そこまでいかなくても、メンタルヘルスに不調をきたし、退職につながってしまうこともあります。

（3）金銭を請求された場合には根拠を確認する

クレーマーはしばしば金銭の要求をしてきます。このとき、必ず根拠となる資料を要求しましょう。例えば、CASE で治療費が要求されたとすると、**診断書、領収書などの提示を求める**のです。

根拠の提示もないまま支払いに応じると、クレーマーは味をしめて、要求が過剰になってくることもあります。

金銭の支払いをする場合には、ずるずると追加の請求をされないよう、通常、合意書（和解書）を作ります（留意点は（5）参照）。

（4）脅し文句への対応

クレーマーは、「トラブルの内容を第三者に知らせる」と脅してくることもあります。例えば、「SNS に書き込む」「監督官庁に知らせる」「取引先に知らせる」などと言ってくるのです。

このように言われた際は、「そちらの判断で知らせたいのであれば止めることはできない」という姿勢を見せることがポイントです。クレーマーが脅し文句を言うのは交渉を有利に進められると思っているからです。そのため、**脅し文句では譲歩を引き出せないことを理解させる**のです。

クレーマーから上のような脅し文句を言われると、担当者は動揺してしまいがちです。クレーマーの言い分が根も葉もないものでない限り、

第三者に知られたくないと思うのは自然です。しかし、ここで動揺を見せると相手に主導権を握られてしまいます。

実際に、行動に移すのはクレーマーにとって負担になるので、本音では実行するつもりがないことも多いです。また、実行されたとしても、想像ほどには影響がない場合がほとんどです。

インターネット上に根拠のないことを書き込むと法的に問題になることは、クレーマーもわかっているはずです。また、監督官庁は、顧客とのトラブルを知らされても、深刻な問題でない限り、すぐに行動を起こすことは通常ありません。取引先に連絡するのはクレーマーにとってハードルが高いはずです。

クレーマーが、「裁判を起こすぞ」と言ってくることもありますが、この場合もとるべき対応は同じです。クレーマーが自分の言い分の不当性を理解していれば、訴訟を起こすことはないでしょう。

（5）合意書の留意点

合意書の中で、入れておきたいのは、**口外禁止条項と清算条項**です。

クレーマーの要求は不当だとしても、トラブルの原因や存在自体はできれば、外部に漏れないようにしたいところです。そのため、口外禁止条項を必ず入れるようにします。

また、清算条項とは次のような規定です。

第○条　甲と乙は、本件に関し、甲乙間には、本合意書に定めのある事項を除き、一切の債権債務がないことを相互に確認する。

このような条項を置いておけば、今後、クレーマーが追加で請求してきても、この清算条項を理由に拒絶できることが明確になるのです。

第3章

情報管理に関する
トラブル

漏洩への対策が後手に回りやすいから
気をつけたい

1 他社が営業秘密を利用

「営業秘密」の範囲は意外と狭い

CASE

当社は、X社から委託を受けて機械を製造している。最近、A社が同様の製品の製造販売を始めた。A社の能力ではあのような製品の設計をするのは難しいはずだ。当社の従業員で、早期退職が決まっているBは、A社と連絡をとっているようだ。Bが、X社から提供されていた設計図面をA社に渡していた疑いがある。

正しい対応のポイント

◎営業秘密にあたるかどうか（特に、秘密管理性が認められるかどうか）をよく確認する。

◎情報の不正な取得、使用に関する証拠の収集は迅速に行う。

対応を誤った場合のリスク

◎不正行為を行ったことが疑われる者に、調査していることを感づかれ証拠を隠されたため、不正行為を証明できなくなる。

◎時間をかけて対応を検討している間に、営業秘密が拡散してしまう。

① どのような流れで対応していくか

　営業秘密が漏洩してしまうと、競争力・信用力が低下してしまいます。また、CASE のように営業秘密が他社から取得したものである場合には、取引停止になったり、損害賠償請求を受けたりすることになります。

　このような営業秘密の漏洩は発生させないことが最も重要なのは当然ですが、実際に漏洩が疑われる場合には、被害を最小限にするよう迅速に対応することが重要です。

　そのためには、大まかには次のような流れで対応を進めていきます。

■対応の流れ

② 「営業秘密」にあたる情報はどのようなものか

　具体的な対応を見る前に、**不正競争防止法**という法律の関連部分について、簡単に説明します。

　問題となっている情報が不正競争防止法上の「営業秘密」にあたれば、その情報を不正に取得、使用などをされた場合、同法により様々な保護が受けられます。

■不正競争防止法に基づく対応が可能となる条件

自社が「この情報は営業秘密だ」と考えていたとしても、それだけで不正競争防止法上の営業秘密になるわけではありません。同法上の営業秘密は**次の3つの条件を満たす必要**があるのです。詳しくは、経済産業省の「営業秘密管理指針」を参照してください（この指針はインターネット上で簡単に閲覧できます）。

①有用性
　　（事業の役に立つこと）
②非公知性
　　（不特定多数の人が知ることのできる状態にないこと）
③秘密管理性
　　（秘密に管理していること）

　会社が「営業秘密」として保護したいと考える情報のほとんどは、①有用性と②非公知性の条件は満たします。

　問題になりやすいのは③秘密管理性の条件です。この秘密管理性が認められるためには、秘密に管理しようとする意思があったというだけでは足りません。**客観的に、秘密に管理されている状態**にあったことが必要なのです。もう少し具体的にいうと、主に次の2点から判断されます。

　・アクセス制限（アクセスできる者が制限されているか）

　・客観的認識可能性（アクセスした者が秘密と認識できるか）

　有用性・非公知性・秘密管理性の3つの条件を満たすと、営業秘密として認められます。この営業秘密の不正な取得や使用などを行った者に対しては、例えば、次のような請求をすることができます（相手は刑事罰を科される可能性もあります）。

　・差止請求

　・損害賠償請求

　このうち損害賠償請求は、次のような損害額の推定規定があります。

これにより、具体的な損害額を証明できなくても請求が認められるため、請求のハードルが低くなります。

・自社商品の単価数量当たりの利益額　×　相手の販売数量

（※技術上の秘密の場合）

・相手が受けた利益

・使用により受けるべきライセンス料

③ 事実関係をどのように調査するか

（1）営業秘密の3条件の充足の確認

3条件のうち特に問題となるのは、既に触れたように秘密管理性です。以下の点の状況などを確認し、秘密として管理していたかどうかを判断します。

☐　アクセス権者の限定（パスワードの設定など）

☐　複製作成の制限

☐　記載・記録媒体の保管場所への接近の制限

　　（施錠・入退室管理など）

☐　記載・記録媒体の持ち出しの制限

☐　外部からの不正アクセスからの防御

☐　社内教育の実施

☐　社内規則・秘密保持契約書

☐　秘密性の表示

これらの証拠として記録・資料を示せない場合には、証言に頼らざるを得ないことになります。相手が退職者だと会社内の事情を知っているので、水掛け論になり、証明が難しくなる（＝営業秘密とは認められなくなる）可能性があります。

なお、営業秘密にあたらない情報に関する退職者の守秘義務違反などについては1章4を参照してください。

（2）不正な取得、使用などの証拠の収集

　営業秘密にあたるかどうかに比べると、不正な取得、使用などの証明は簡単だと思われるかもしれません。しかし、実は、営業秘密の取得（持ち出し）や使用などの**証明は困難なことが多い**のです。例えば、流出が疑われる相手企業（CASE の A 社）に対し、営業秘密の不正使用を指摘しても、相手企業は「自社が独自に開発・入手した情報を使用しただけだ」と反論してくるかもしれません（なお、一定の技術上の営業秘密については不正使用に関する証明の負担が軽減されています）。

　持ち出しについては、社内関係者の関与が疑われる者のパソコンを確保します。メールや外部との通信の履歴が会社のサーバなどに残っている可能性もあります。証拠収集は、**関与が疑われる者に気づかれないよう、内密かつ迅速**に行います。特に、データは時間の経過とともに失われていくので、迅速にこれらのデータを確保することが重要です。費用面の問題をクリアできるのであれば、外部業者にデジタルデータの解析を依頼することも検討します。

　不適切なアクセスや持ち出しなどの裏付けが取れれば、不正な取得や使用を証明する資料となる可能性もあります。

（3）損害の見積り

　対策にどの程度の費用・時間をかけるかを判断するにあたり、損害の見積りを検討することがあります。CASE のように、設計図面の不正取得・利用が疑われる場合には、設計図面を利用した結果得られた利益が損害になりうるでしょう。

④ 警告書の送付

　CASE のような退職予定従業員の関与が疑われる場合の警告書の送付先としては、相手企業（A 社）と退職予定従業員（B）が考えられます。

　難しいのはタイミングです。早めに警告を行った方が、心理的プレッ

シャーをかけ、不正な情報の使用などの抑制を図ることはできます。

　他方で、**警告書を出した場合には、相手企業などが警戒する**ため、その後の証拠収集が困難になることもあります。そのため、相手の違法行為を明らかにしたいと考えるケースでは、十分な証拠が揃うまでは、あえて自社が疑いを持っていることを相手に知らせないことを検討する場合もあるでしょう。

　警告書は、必ずしも弁護士名義で出す必要はありません。まずは相手方の反応を探るために社長や担当者などの名義で出すこともあります。

　類似の程度や類似していることに強い故意を感じるかなどによって、トーンを変えることもあるでしょう。書面の表題も「警告書」ではなく、「通知書」「お願い」などとすることもあります。相手に心理的プレッシャーをかけたいときは、内容証明郵便を使うこともあります。

⑤ 法的措置の検討

　警告書を送付しても、相手が交渉に応じないこともあります。この場合には、法的措置を講じるかどうかを検討することになります。法的措置を講じるかどうかは、相手の不正競争防止法違反などについて、裁判所が認める見込みなどを弁護士と相談しながら判断します。

　法的措置を講じる場合、②で述べた通り、差止請求、損害賠償請求などが考えられます。誰にどのような請求を行うかは、損害の回復と被害の予防のどちらに重点を置くかなどによって変わってきます。

　差止請求を行う場合、通常の訴訟では時間がかかり、判決までに営業秘密が拡散してしまうことにもなりかねません。そのような場合には、**差止めを行うために仮処分の申立て**も検討します。

2 個人情報の漏洩

他人事ではなく、いつかは自社にも起きる

CASE

　従業員Aは、自分が担当する約100名の顧客データをUSBメモリーに保存していた。昨夜、Aは、家で仕事をしようと、そのUSBメモリーをペンケースに入れて持ち帰った。ところが、友人と飲食し、帰宅した後、ペンケースを紛失していることに気づいた。

正しい対応のポイント

◎個人データの漏洩の場合、個人情報保護委員会の告示（「個人データの漏えい等の事案が発生した場合等の対応について」）を参考にする。

◎被害拡大を防止できる措置があれば速やかに行う。

◎被害者に対しては、速やかに謝罪と事実関係の説明のために連絡するとともに、金銭的な補償も検討する。

◎被害者全員に連絡できた場合などを除いて、漏洩について公表することを検討する。

対応を誤った場合のリスク

◎初動対応が遅れて、被害が拡大する。

◎漏洩後の対応を誤って、顧客や社会からの信用を失う。

① 漏洩後の対応の重要性

個人情報保護に対する社会の意識は近年急速に高まっています。個人情報保護法も、2017年から事実上ほぼすべての中小企業も規制対象となりました。

個人情報漏洩は起こさないことが理想ですが、完全に防ぐのは難しいです。漏洩が発生してしまった場合（あるいは発生の疑いがある場合）に、適切な対応を怠ると、顧客や社会からの信用を失いかねません。

そうならないために必要な対応は次の通りです。

■漏洩発覚後の対応

最優先で行う対応	・調査 ・被害拡大防止措置
その他の対応	・被害者への対応 ・公表 ・行政への報告

漏洩が発生してしまった場合、まずは**漏洩についての調査**とともに、可能な限り、**被害拡大を防止する措置**を講じます。そして必要に応じ、被害者への連絡・補償や公表、行政への報告などの対応を行うのです。

これら対応と比べると緊急性はありませんが、情報漏洩を行った従業員の懲戒処分も検討することになります。

以下では、これらの対応の注意点を説明します。

なお、個人データの漏洩が発生した場合の対応については個人情報保護委員会が「個人データの漏えい等の事案が発生した場合等の対応について」という告示を定めています。実際に個人データの漏洩が発生した場合には、この告示も参考にするようにしてください（インターネット上で告示名を検索すれば、簡単に閲覧できます）。

個人情報と個人データ

　「個人情報」と「個人データ」はともに個人情報保護法で保護が必要とされている情報です。日常用語では区別せずに使われることもありますが、法律上は範囲が異なり、義務も異なります。

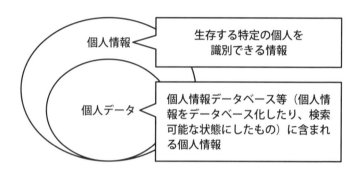

　このように、個人情報のうちの一部が個人データとなります。個人情報データベースなどに含まれる個人情報が個人データとなるのです。

　個人情報にあたるだけでも、利用目的の特定や適正な取得などの義務が課されます。さらに、個人データにあたる場合には、会社の義務も重くなります。個人データにあたる情報については、安全管理措置、従業員や委託先の監督などの義務が課されるのです。

　個人情報保護委員会は、中小企業向けに「はじめての個人情報保護法～シンプルレッスン～」というパンフレットを用意しています。自社の普段の対応が十分か気になる方は一読をお勧めします（インターネット上で検索すれば容易に見つけることができます）。

② 調査・被害拡大防止をどのようにするか

（1）調査

　調査の対象は、漏洩の内容、規模、原因、時期、影響範囲などです。これらの情報は、公表や被害者への連絡など、会社としての対応策を判断するためにできる限り正確に把握する必要があります。

　顧客からの問い合わせで情報漏洩の可能性に気づいた場合などでは、そもそも情報漏洩の有無から調査が必要なこともあります。

　情報漏洩が故意になされた可能性があるような場合には、事案に応じてセキュリティ専門家などと相談の上、迅速かつ内密に初動調査を行うことも重要です。関与が疑われる人に直接話を聞くなどすると、決定的な証拠を消されてしまうおそれもあります。

（2）被害拡大防止措置

　漏洩等の被害ができるだけ拡大しないようにすることも重要です。一度広まってしまうと取り返しのつかないことになるため、漏洩発覚後、被害拡大防止のためにできることがあれば速やかに行います。

　例えば、社外からの不正アクセスが疑われる場合、不正アクセスの対象となっていると考えられる**端末をネットワークから切り離す**ことなどが考えられます。CASEでは、紛失したUSBメモリーに、社内システムにアクセスするためのパスワードが保存されていた場合には、**パスワードを変更**することなどが考えられます。

③ 被害者への対応

　被害者に対しては、情報漏洩の事実が判明した段階で、速やかに連絡することを検討します。事実関係の調査がすぐにできない場合には、この連絡は調査中の段階で行うこともあるでしょう。

　調査結果を踏まえて、金銭的な補償を行うかも検討します。

（1）連絡

　被害者に連絡する際には、事実関係を説明するとともに、謝罪します（個人情報保護法の改正により、2022年春頃までに、一定の条件を満たす漏洩等については、被害者への通知が義務となります）。説明する事実は、その時点で判明している事実関係（原因・規模など）、講じた被害拡大防止措置などです。次に取り上げる金銭的な補償を行う予定であれば、そのこともあわせて伝えることも考えられます。

（2）金銭的な補償

　従業員が情報漏洩を行った場合、会社は、通常、被害者に対して、**損害賠償義務**を負います。そこで、会社は、賠償の趣旨も含め、被害者に対する金銭的な補償を検討します（ただし、補償をしても、金額が不十分な場合などには、被害者から損害賠償請求される可能性がなくなるわけでありません）。

　補償をするか否か、金額などの判断は、漏洩した情報の性質などを踏まえて行います。補償額が公表されている事例では、**1人あたり500〜1000円程度**の金額が多いです。1万円相当の金券の送付を公表した会社もあります。また、裁判で慰謝料3万円が認められた事例もあります（エステサロンを経営する会社で、スリーサイズや施術コースなどの情報が漏洩した事案です）。

　1人あたりの金額は小さくても、被害者の人数によっては多額となるおそれもあります。

４ その他の対外的対応

（1）公表

　流出した情報の悪用などのおそれがあるような場合には公表を行うことが多いでしょう。この公表は**法律上の義務ではありません**。被害者全員と連絡がついた場合などには、公表を省略することも考えられます。

　公表の方法としては、中小企業であれば、大規模な漏洩事案などでな

い限り、**自社 HP への掲載**などが一般的です。

（2）個人情報保護委員会などへの報告

　個人データの漏洩を発生させた会社には、速やかに個人情報保護委員会に対し**報告する努力義務**があります（個人情報保護法の改正により、2022年春頃までに、一定の条件を満たす漏洩等については、報告が義務化されます。また、業種によっては別途、業法等で監督当局への報告が義務付けられている場合もあります）。ただし、メールの軽微な誤送信などの場合は、報告は不要とされています。

　報告のフォームなどについては個人情報保護委員会の HP で確認できます。

⑤ 漏洩を行った従業員への懲戒処分

　通常、情報漏洩を行った従業員に対して、懲戒処分を検討します。情報漏洩は、通常、就業規則で定める何らかの懲戒事由（例：「故意または過失によって会社の情報を紛失した場合」など）に該当するはずです。処分の内容は、漏洩の経緯、本人の落ち度、会社へのダメージの程度などを踏まえて判断します。

　悪質な事案などでは、社内処分だけでなく、民事責任や刑事責任の追及を検討することもあります。

3 模倣商品の販売

どこまで徹底的に争うか

CASE

　当社はインテリア家具などのメーカーで、最近では、電気スタンドがヒット商品となっている。ところが、最近、競合のＡ社が、当社の電気スタンドと似たデザインの商品の販売を開始したらしい。

正しい対応のポイント

◎相手の商品の形態が、自社商品の形態と実質的に同一であるといえるかを確認する。

◎自社商品の国内販売開始から３年が経過していないかを確認する。

◎製造・販売中止、在庫廃棄、損害賠償のうち、何を相手に求めるか、費用対効果を踏まえて判断する。

対応を誤った場合のリスク

◎模倣品の販売を放置してしまい、ブランドイメージの毀損、価格破壊が生じる。

◎交渉では相手が損害賠償に応じないため、訴訟提起するが、費用倒れに終わる。

1 どのような流れで対応していくか

　CASE のような場合の対応の流れは、通常、次の通りです（このほかに、刑事告訴などを検討することもあります）。

■対応の流れ

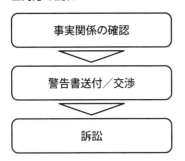

　この流れに沿って、注意点をお伝えしていきます。

2 関係する法律はどのようなものがあるか

　具体的な対応の前に、関係する法律について簡単にお伝えします。

　中小企業にとって、自社商品に意匠権や商標権などはない場合がほとんどでしょう。このような場合に、模倣商品の販売に対する対応の根拠として最も利用しやすいのが、**不正競争防止法**です。日本国内で**販売開始されてから３年間**は、特に手続をしていなくても、商品形態模倣行為は、同法が禁止する不正競争行為にあたります。

　商品形態模倣行為にあたると、差止請求や損害賠償請求などが可能となるほか、刑事罰の対象ともなります。

　この商品形態模倣行為にあたるための主な条件は、次の２つです。

　①実質的同一性

　　（相手の商品と自社の商品との間で形態に実質的同一性があること）

　②依拠

　　（相手が自社の商品の商品形態に依拠したこと）

　①の実質的同一性が認められるのは、商品の形態が同一であるか、ま

たは実質的に同一といえるほど酷似している場合です。ただし、商品の機能を確保するために不可欠な形態やありふれた形態であれば、保護の対象外となることには注意が必要です。

②の依拠が認められるかは、商品の類似性、相手が自社の商品を知っていた可能性、後行商品が開発・販売された経緯などの事情を総合的に考慮して判断されます。一般的には、実質的同一性が認められるほど商品の形態が似ているような場合には、依拠も認められる可能性が高いといえます。

③ 確認すべき事項は何か

確認すべき主な事項は、次の通りです。

（1）他社の商品

相手の商品の現物を自社商品とともに手元に揃えます。相手の商品に関するパンフレットやインターネット上の情報についても収集しておきます。インターネット上の情報は、**時間の経過によって見られなくなる可能性がある**ので、プリントアウト等をしておきます。

自社の商品と比較して、形態が実質的に同一といえるかを検討します。実質的に同一といえそうな場合でも、機能を確保するために不可欠な形態といえないかもチェックします。

（2）流通ルート

流通ルート（販売業者、卸売業者、輸入業者等）の調査も必要です。何らかの行動を起こす場合に、相手を誰にするのか、どのような方法をとるのかなどを判断する際に必要となります。

（3）販売開始時期

自社商品の国内での**販売開始から3年が経過している**かどうかをチェックします。3年以上経過している場合には、不正競争防止法上の

保護期間が満了となり、形態模倣については違法性が認められなくなってしまうからです（3年が経過している場合にも、著作権侵害などを理由に警告を行いうる場合もあります）。

　また、相手の商品の販売開始時期が自社商品の販売開始時期とほぼ同時であるような場合には、相手側から「おたくの商品に依拠していない」という反論がなされることも考えられます。

（4）自社商品の販売状況

　自社商品の販売状況・利益についても確認します。損害賠償請求は自社商品の利益をベースに行えるからです。また、自社のシェアが大きいほど、他社が自社商品に依拠したといいやすくなります。

④ 警告書送付、交渉

（1）期待できる成果

　警告書を出すことによって期待できる最終的な成果には次のようなものがあります。

　　・製造・販売の中止

　　・在庫の廃棄

　　・損害賠償

どこまでの成果が得られるかは、違法だと認められる可能性の大小、販売規模などによって異なります。一般的にいえば、交渉段階で相手が応じる可能性は「製造・販売の中止＞在庫の廃棄＞損害賠償」の順となり、相手に**損害賠償に応じさせることは難しい**可能性が高いです。

（2）警告書の記載内容

　最初の警告書では、通常、製造・販売の中止と在庫の廃棄などを要求します。その時点では証拠が不十分なために損害賠償は求めない場合には、代わりに、製造販売数及び販売利益等の開示を求めるなど、損害賠償請求の可能性を示すこともあります。

3章1（営業秘密の漏洩）の④で述べたように、状況に応じて文書の
トーンは変わりますし、弁護士名で送付することにこだわる必要もあり
ません。

（3）相手の販売先への警告書の送付は慎重に

　警告書を相手に送るだけでは効果が薄いと考えられる場合などには、
その販売先である小売店等に対しても警告書を送付したいと考える場合
もあるかもしれません。

　しかし、この販売先への警告書の送付は、不正競争防止法違反が明確
な場合以外は慎重にすべきです。違法であると認められない場合には、
このような警告書の送付が、不正競争防止法が禁止する**営業誹謗行為に
該当してしまうおそれ**があるためです。

（4）交渉

　警告書を送付しても、相手がすぐに要求に応じるとは限りません。最
初は「類似する部分があるとしても偶然だ（依拠していない）」などと
強く反論してくることもあるでしょう。このような場合も、相手にとっ
ては、仮に訴訟になって敗訴すると、他社商品の模倣をしたという評判
が立つことになります。そのため、違法行為だと認められる可能性が高
い場合には、最終的には、譲歩に応じてくることもあります。

⑤ 訴訟提起の判断

　訴訟を提起するかどうかの判断にあたっては、当然、勝訴する見込み
が重要な要素です。敗訴すると、相手商品程度の類似は法律上許容され
ることが明確になってしまうからです。

　また、最終的に勝訴し、損害賠償が認められても、単純に賠償額と弁
護士費用等の大小だけを比べると、**費用倒れになる可能性**もあります。
訴訟提起をするかは、相手へのけん制効果なども踏まえて判断すること
が適切でしょう。

第4章

株主に関する
トラブル

会社と株主との関係が密だからこそ
発生しやすい

1 株式が好ましくない者へ譲渡される

厳しい期間制限に注意

CASE

当社は創業時から現社長、A、Bが株式を3分の1ずつ保有し、この3名が取締役となっていた。ところが、経営方針について意見が対立するようになり、Aは取締役を辞任し、当社と競合関係にあるC社に転職した。ある日、Aから、その保有株式についてD（C社の代表者）に譲渡することの承認を求める文書が届いた。

正しい対応のポイント

◎譲渡承認をしない場合には、期間制限に注意をして、承認しないことの決定・通知、買取通知などの準備を早めに行う。

◎株式の売買価格についての話し合いに備えて、公認会計士などによって株式評価額を算定してもらうことを検討する。

対応を誤った場合のリスク

◎会社の対応が遅くなった結果、好ましくない者が株主になってしまう。

◎会社が買い取ることにしたが、手続をとるのが遅れて、売買価格が高額となってしまう。

① 譲渡を防ぐための手続全体の流れ

　非上場会社のほとんどの株式は、定款上、その譲渡には株主総会や取締役会などの承認が要求されています。これを**譲渡制限株式**といいます。

　譲渡制限株式について譲渡承認請求がなされても、譲受人の属性などを考えると、会社としては、譲渡を認めたくないこともあります。その場合の大まかな手続の流れは次の通りです。

■譲渡承認請求がされた場合の流れ

　この手続の中には**期間制限**があるものもあります。この期間制限を守らないと、株式譲渡を認めたものとみなされてしまいます。この期間制限を守って迅速に対応することが、株式譲渡の承認請求を受けたときの肝になります。

　CASEでは、株式を譲渡しようとする現株主（A）から請求されていますが、請求は、譲り受けようとする者（D）から行われることもあります。この場合の手続もほとんど同じなので、現株主から請求された場合を想定して具体的な対応をお伝えしていきます。

② 承認するか否かを判断する

　まず行うべきことは株主からの譲渡承認請求に対して承認するか否かの判断です。この判断は、新しい株主の属性などを考慮して行います。譲渡対象の株式数が大きい場合、特に慎重に判断します（**株式数ベースで３分の１以上の株主の反対があると、多くの重要な意思決定ができなくなります**（４章２のポイント解説参照））。株式数が少なくても、株主には、様々な権利が認められることもあります。したがって、株式数の多少を問わず、CASEのような競業他社の関係者が株主となることは避けたいところです。

③ 承認しない場合の決定・通知

　承認しない場合には、所定の承認の決定機関の決定を経て、請求者に通知します。この通知は、**請求日から２週間以内**に行う必要があります。２週間以内に通知しなかった場合には、**承認したものとみなされてしまいます**。

　そこで、所定の機関による決定を速やかに行います。この決定機関は定款で確認します。定款で規定していない場合には、決定機関は取締役会設置会社では取締役会になります（取締役会設置会社ではない場合は株主総会です）。

　株主総会や取締役会の開催手続は、会社法や定款によってルールが決められています。普段はルールを意識していないかもしれませんが、この手続に問題があると、決定機関の決定が取消しなどになるおそれもあります。特に株主総会は、開催までに時間を要することがありますので、速やかに招集手続を行う必要があります。

④ 会社などが買い取る場合

　譲渡承認請求書には、会社が承認しない場合には会社か指定買受人が株式を買い取ることを請求する旨が記載されていることが一般的です。

この場合、会社の対応としては、承認しないという決定・通知を行うだけでは不十分です。次の通り、自ら株式を買い取るか、買取人を指定しなければなりません。

（1）会社が買い取る場合

　会社が買い取る場合には、株主総会の特別決議（議決権の３分の２以上の賛成が必要。詳細は４章２のポイント解説参照）で決定します（定款で決議に必要な割合を引き上げていることもあります。なお、譲渡承認請求をした株主は、この決議では原則として議決権を行使できません）。

　その上で、会社は、請求者に対して、会社が買い取ることなどを通知します。この通知は、譲渡承認しないことを**通知した日から40日以内**に行う必要があります。40日以内に通知できなかった場合には、譲渡を承認したものとみなされてしまいます。

　ここで注意が必要なのは、**財源規制**です。会社が株式を買い取るのは、配当ができる範囲内で行わなければならないのです。このため、会社の財務状況からみて買い取れない場合には、指定買取人を指定することになります。

（2）指定買取人が買い取る場合

　誰を指定買取人とするかは、取締役会設置会社では取締役会で決定します（それ以外の会社では株主総会の特別決議で決定します。定款で別の定めをしている場合はその定めに従います）。

　会社が買い取る場合と同じように、指定買取人は請求者に対し通知を行います。通知をしたとみなされるまでの期間は、譲渡承認しないことを**通知した日から10日**となっています。会社が買い取る場合と比べて期間が短くなっています。

　この期間制限などを踏まえると、実際に指定買取人として考えられるのは、会社の役員や株主などが多いでしょう。

（3）供託手続

　買取人（会社または指定買取人）は、所定の金額を本店所在地の供託所に供託します。この供託額は、次の計算式で算出します。

　　　１株あたりの純資産額　×　株式数

　買取人が（2）の通知をする際には、この供託を証明する書類を同封する必要があります。

　供託の手続は厳格です。手続に予想以上に時間がかかってしまうと、買取りの通知の期間制限が経過してしまいかねません。必要書類の確認など、早めに準備した方がよいでしょう。

⑤ 売買価格の決定

　株式の売買価格は、現株主（CASE のA）と買取人との間の協議で決定します。ただ、非上場会社の株式については、価格の算定方法が様々ありうるため、話し合いがまとまらないこともあります。協議で決められない場合は、裁判所に対して価格決定の申立てをします。この申立ては株主からでも買取人からでもすることができます。

　ここでも期間制限に注意しましょう。買取人が買い取る旨の**通知をしてから20日以内**に申立てをしなければ、前述の供託額が譲渡代金となります。供託額では高すぎると考える場合には、速やかに申立てを検討する必要があるのです。

　裁判所が非上場会社の株式の価値の算定を行う際には、純資産方式、配当還元方式、収益還元方式、類似会社（類似業種）比準方式などが用いられます。裁判所への申立てには費用も手間もかかります。できるだけ当事者同士の話し合いで解決できるよう、早い段階で、公認会計士などに株式評価額を算定してもらい、目安をつけておくことも検討した方がよいでしょう。

2 敵対的な株主を排除したい

どうしても上手くやれない株主がいたら

CASE

　現社長は、当社の総株式100株のうち70株を保有している。現社長は、その父でもあった前社長から相続によってこの株式を取得した。前社長の弟であるAとBは、前社長時代から、それぞれ10株、20株を保有しているが、現社長との関係はうまくいっていない。特に、Aは経営に非協力的でたびたび現社長の方針に注文をつけている。現社長としては、AとBが株主のままだと面倒なので、2人を株主から排除したいと考えている。

正しい対応のポイント

◎まずは任意の買取りを試みる。

◎任意交渉での買取りがうまくいかない場合は、株式併合や特別支配株主による売渡請求を検討する。どちらの手法を用いるかは、議決権割合などを考慮して判断する。

対応を誤った場合のリスク

◎強制的に買い取ろうとする手続にミスがあり、手続の効力が否定される。

◎不適切な手法を選んだために、手続に時間・手間がかかる。

1 考えられる方法

　少数株主を排除し、株式を集約したいと考えるのは、CASE のように好ましくない株主がいる場合に限りません。事業承継や M&A の前提として検討する場合もありますし、少数株主が多数いて事務負担が重い場合に検討することもあるでしょう。

　少数株主を排除する場合、まずは任意の交渉での買取りを試みることになるでしょう。ただ、任意での交渉では、少数株主が、交渉にかたくなに応じない、あるいは法外な買取価格を要求してくることもありえます。

　そのような場合に、会社法は、強制的に買い取るための制度（「スクイーズアウト」「キャッシュアウト」と呼ばれます）を用意しています。

　以下では、任意交渉での買取りについて簡単に説明した後、強制的に買い取る際に用いられる代表的な手法（株式併合、特別支配株主による売渡請求）などについて説明します。

2 任意交渉による株式の買取り

　任意交渉で買い取る場合、買い取る主体が、社長など個人による場合と会社自身による場合があります。

（1）社長など個人による買取り

　社長など個人が買い取る場合には大きな障害になるような規制はありません。少数株主の側が、売買の交渉自体をかたくなに拒んでいるケースでない限り、**売買価格が最大の交渉事項**になるでしょう。専門家に算定してもらうこともあります。

　規制はほとんどありませんが、譲渡の際の会社の承認手続（4章1参照）の要否についてはチェックしておきましょう（譲受人が株主である場合などは、定款で、承認手続を不要としていることもあります）。

（2）会社による買取り

　社長などが買取費用を調達することが難しい場合もあります。そのような場合は、会社が買い取ることも検討します。

　会社が自社の株式（自己株式）を取得する際には財源などについて様々な規制があります。特に気をつけるべきは**財源規制**です（配当可能な範囲でのみ買取りが可能となります）。配当ができないような財務状態の場合には、会社による買取りはできないことになります（この制限は、③の株式併合を利用して会社が株式を取得する場合にもクリアする必要があります）。

③ 株式併合をどのように行うか

　少数株主の保有する株式を1株未満になるように株式併合を行うものです。1株未満の株式（端株）は会社や大株主が強制的に買い取ることができるので、少数株主を排除することができるのです。

　CASEで25株を1株に併合したとします。これにより、保有株式は、社長2.8株、A0.4株、B0.8株になります。AやBの保有する株式は端株になるので、**この株式を買い取ることで、AやBを会社から締め出す**ことができるのです。

　具体的には次のような手続などを行います。

---

　①　株式併合の株主総会の特別決議
　②　少数株主に対する現金の交付

　この手法による場合には、株主総会の特別決議を経る必要があるなど、手続がやや複雑です。次のポイント解説を参照してください。

株主総会の決議

　株主総会の決議は、原則として、議決権の過半数の賛成で可決となります（「普通決議」といいます）。しかし、定款変更や、合併など会社の状態を変えるような重要な議題には、議決権の2/3以上の株主の賛成が必要です。これを「特別決議」といいます（厳密にいうと、株主総会の出席株主の賛成割合が2/3以上となる必要があります。また、普通決議・特別決議とも、定款で定めがない限り、議決権の過半数の株主の出席が必要です）。

　しばしば「社長は2/3以上の株式を保有しておくべきだ」といわれることがあります。それは、2/3の株式を保有していれば、他の株主全員が反対していても、特別決議を成立させることができるからなのです。

④ 特別支配株主による売渡請求をどのように行うか

　上述の株式併合は、議決権ベースで2/3以上の株主の賛成が得られれば利用できる制度です。これに対して、ここで取り上げる売渡請求は、**議決権ベースで90%以上保有している株主**（特別支配株主）がいて、はじめて利用できる制度です。そのような株主は、他の株主の全員に対して、株式全部を売り渡すよう請求できるのです。

　この制度は、株式割合の点ではハードルは上がりますが、株主総会決議が不要であり、手続が簡単であるという特長があります。

■株式併合と特別支配株主による売渡請求の比較

	株式併合	特別支配株主による売渡請求
必要な株式割合 （議決権ベース）	3分の2	90%（単独）
手続の複雑さ	複雑 （株主総会特別決議などが必要）	簡単 （株主総会決議は不要）

CASE では、現社長は70％しか保有していないため、すぐにはこの制度を利用することはできません。しかし、Ｂから株式を買い取ることができると、**90％を保有することになるので**、この請求をすることができるようになります。

　この制度を利用して株式を取得するためには、次のような手続を踏むことになります。

---

① 　特別支配株主が、会社に、売買価格等とともに売渡請求することを通知
② 　会社が、①について承認
　　（取締役会設置会社では取締役会が承認）
③ 　会社が、特別支配株主に②の通知
④ 　会社が、少数株主に②の通知

　この①〜④の手続を経ると、取得日に特別支配株主が株式を取得することになります（④の通知は、取得日より20日以上前に行います）。①〜④は同じ日にすべて行うことが可能ですので、短期間で手続を完了することができます。

　ここでも売買価格が問題となりえます。売渡を求められた少数株主は、取得日の20日前から取得日の前日までの間に、裁判所に対して、売買価格決定の申立てをすることができます。

　任意の交渉での買取りが難しい場合の手段として代表的な２つを紹介しました。持ち株比率などを踏まえて、どの手段を選ぶかを選択します。強制的な排除措置が利用できるケースでは、任意の交渉もまとまりやすくなることもあるでしょう。

　実際に少数株主の排除を検討する場面では、税務上の観点も踏まえて対応を決定する必要があります。税理士などと相談の上、判断した方がよいでしょう。

株式の相続

　相続の結果、会社にとって明らかに好ましくない者が株主となることがあります。会社に全く関心がない相続人には株主になってもらいたくないということもあるでしょう。

　このとき、任意の交渉で株式の買取りが成立することもあります。しかし、相続人が売買価格に納得しない限り、その相続人が株主であり続けるとすると、会社にとっては大変な負担になります。

　会社法は、このような場合のために、相続人に対する株式買取制度を用意しています。この制度を活用する前提として、定款で規定を用意しておく必要があります。例えば、次のような規定です。

　第○条　当社は、相続その他の一般承継により当社の株式を取得した者
　　に対して、当社株式を当社に売り渡すことを請求することができる。

　このような規定がある場合、会社は、相続人に対して、株式を売り渡すよう請求することができるのです。相続が生じた後、定款変更でこのような規定を新たに設けた場合にも、相続人に対してこの請求を行うことは可能です。

　この売渡請求は、株主総会の特別決議（上述③のポイント解説参照）で決定します（売渡請求の対象となる相続人は、株主総会で議決権の行使が認められません）。

　売渡請求について、次の点に注意しましょう。

① 　期間制限（請求は会社が相続があったことを知ってから１年以内に行わなければならないことなど）

② 　財源規制（会社が少数株主から取得する場合と同じ規制）

　なお、相続が発生した後の遺産分割協議未了の段階で、一部の相続人が議決権行使を求めることもあります。しかしこの場合、共同相続人が権利行使者１名を選んで会社に通知しない限り、会社は、一部の相続人による株主としての権利行使を認める必要はありません。

3 株主からの会計帳簿の閲覧等請求

応じなければいけない条件・範囲は?

CASE

　Aは、前社長に引き立てられて役員となったが、現社長とは折り合いが悪く、役員も辞任してしまった。それでもAは当社の株式の５％を保有している。そのAが「現社長が自身の個人会社に当社の不動産を不当に安く売却した疑いがあるので、その取引の適切性を確認したい」と言って、その不動産取引に関する総勘定元帳やその材料となった契約書・領収書等のコピーを求めてきた。

正しい対応のポイント

◎請求を拒むことができる条件に当てはまるか、丁寧に検討する。

◎明確に拒むことができると確信できない限り、拒む場合には弁護士などと相談する。

対応を誤った場合のリスク

◎不用意に請求を拒んだ結果、仮処分の申立てがなされて対応に追われる。

◎十分な検討をしないまま、本来は請求を拒める書類についても、コピーを提供してしまう。

① どのような場合に請求を拒絶できるか

　会社は、株主に対してであっても、会計帳簿などのコピーを積極的に提供したくはないでしょう。しかし、会社法上、株主は、一定の制約の下で、会社の会計帳簿などの閲覧・謄写（コピーなど）を請求することが認められています。会社がこの請求を拒絶できるのは次のいずれかに当てはまる場合のみです。

□　持ち株比率の基準を満たしていない
□　請求されている文書が閲覧などの対象になる文書ではない
□　請求の理由が具体的ではない、あるいは請求の理由と対象文書の関連性がない
□　法定の拒絶事由に該当する

　請求を拒絶できる理由がないのに拒んでしまうと、紛争がエスカレートすることもあります。緊急の対応が必要となる仮処分手続を利用されるおそれもあります。

　そのようなことにならないよう、請求への対応は、これらの条件について内容を理解した上で行うことが重要です。

② 持ち株比率の基準がある

　閲覧などの請求権は、**議決権ベースで３％以上の株式または発行済み株式の３％以上の株式**を有する株主が行使することができます（定款でこの条件を引き下げることは可能です）。

　CASE のＡは５％の株式の株主なので、この要件は満たすことになります。もしＡが保有する株式が３％未満だったとしても、合計して持ち株比率が３％以上となるような株主と共同して請求する場合には、この要件は満たすことになります。

③ 対象となる文書

　閲覧などの対象となるのは、会計帳簿ばかりでなく、会計帳簿に関する資料も含まれます。少なくとも次のような文書は含まれうると考えられています。

・　総勘定元帳、手形小切手元帳、現金出納帳、売上明細補助簿
・　記帳の基礎となる伝票、契約書など

　CASE では、総勘定元帳を作成する材料となった契約書や領収書なども請求の対象となっていますが、これらが閲覧などの対象外だということは難しいでしょう。

　他方、これら以外の文書（例えば、法人税確定申告書の控え）が閲覧などの対象に含まれるかは、専門家の間でも意見が分かれています。

④ 株主には請求の理由を明らかにする義務がある

　閲覧などを請求する株主は、請求の理由を明らかにしなければなりません。

　この理由は、会社が関連性のある文書を特定でき、かつ、後述⑤の拒絶事由に該当するかを判断できる程度に具体的であることが必要だと解釈されています。例えば「株主としての権利行使のために必要であるから」という抽象的な理由であれば、会社は、請求に応じる必要はないでしょう。

　ただし、請求する側は、この具体的な理由を基礎づける**客観的な事実があることを証明する必要はありません**。例えば、CASE で、Aが、問題視している取引が実際に不適切であることを証明しなくても、会社はそのことを理由に請求を拒むことはできません。

　なお、この請求理由と関連しない文書は、閲覧などの対象とはなりません。例えば、CASE の理由で、すべての会計帳簿やその関連資料の閲覧などを求めても、請求理由と関連のない文書については、会社は閲覧などを拒むことができるのです。

⑤ 法定の拒絶事由に該当すれば請求を拒否できる

次のいずれかに該当する場合には、請求を拒むことができます。

---

① 株主としての権利確保・行使に関する調査以外の目的での請求
② 会社の業務遂行を妨害したり、株主の共同の利益を害したりする目的での請求
③ 請求者が会社と実質的に競争関係にある事業を営むなどしている場合
④ 閲覧などによって知った事実について、利益を得て、第三者に伝えるための請求
⑤ 請求者が、過去2年以内に、閲覧などによって知った事実について、利益を得て、第三者に伝えたことがある場合

例えば、①は、従業員として賃上げ交渉の材料を得るために請求している場合です。②の例は、社長を困らせるために請求するような場合です。ただ、①～⑤は、様々な解釈などがあるため、実際には、拒絶できるか判断に悩む場合が多いです。

⑥ 拒絶できるか判断に迷った場合

この閲覧・謄写請求権の対象・範囲、拒絶事由などは、専門家の間でも見解が分かれている点が多くあります。

会社が拒絶すると、請求した株主は**会社の対応に不満を覚え、関係は悪化**します。株主は、閲覧などを求めて訴訟を提起することも可能です。さらに、仮処分の申立てがなされる可能性もあります。仮処分の申立てがなされたような場合には、会社は、緊急対応を求められることになります。

閲覧などを拒もうとする会社は、明確に拒絶できると確信できない限り、予め**弁護士などと相談した上で判断する方が適切**でしょう。

第5章

その他のトラブル

不動産、行政対応など、
中小企業を襲う問題

1 賃貸人からの立退要求

真面目に賃料を払っていれば大丈夫？

CASE

　当社は、都内の駅近くのビルの１階で店舗を経営している。この店舗には固定客も多く、収益性も高い。ところが、このビルの賃貸人Ａ社から、「このビルを建て替えることになったので、退去してほしい」と言われた。当社は、この立地に愛着があるし、賃料の不払いなど賃貸人に迷惑をかけることは一切やっていない。それなのに、突然このようなことを言われて困惑している。

正しい対応のポイント

◎定期借家契約ではないことを確認する。

◎建替えの理由が説得的なものといえるかを冷静に検討する。

◎退去に応じることを検討する場合、退去条件（立退料、退去時期、建替え後のビルへの再入居など）につき交渉する。

対応を誤った場合のリスク

◎交渉を拒絶したら、すぐに訴訟を提起され、対応に追われる。

◎判決まで争ったが、当初に提示された金額とほぼ同額の立退料で退去することになる。

1 「この土地に愛着がある」だけでは退去拒否は難しい

テナント側である中小企業にとって、一つひとつのオフィス・店舗に愛着があります。そのため、一方的に退去を求められると強く抵抗したいところでしょう。賃貸人は、テナントの対応が強硬な場合には、速やかに訴訟を提起することもあります。そして、判決では、賃料の不払いがないことや、テナント側の立地への愛着などは、**ほとんど評価してもらえない**可能性が高いです。

このような現実を踏まえ、建替えを理由に退去を求められた場合には、訴訟になった場合の見通しを立て、退去拒絶を強く主張するのか、条件面での話し合いに重点を置くのかを冷静に判断することが重要です。

2 定期借家契約ではないことの確認

実は、テナントは、交渉の余地なく、退去に応じないといけないことがあります。それは賃貸借契約が**定期借家契約となっている場合**です（定期借家契約とは、契約期間の満了により確定的に終了する賃貸借契約をいいます）。定期借家契約では、一定の期間内に賃貸人が通知すると、テナントは、立退料を受け取ることなく、退去しなければならないのです。

定期借家契約かどうかは、契約書で確認できます。契約書に「契約期間の満了により終了し、更新はない」などと記載していれば定期借家契約にあたる可能性があります。定期借家契約の場合、契約時に、契約書とは別に「更新がなく、期間の満了により賃貸借は終了します」などと記載されている書面が渡されているはずですので、確認しましょう。

3 定期借家契約以外の場合の判断基準

定期借家契約以外の借家契約（普通借家契約）では、賃貸人からの契約終了の申入れは無制限には認められません。時期に関する制限と、正

当事由による制限があります。

　まず、時期については、例えば、契約期間が1年以上の場合、期間満了前1年～6か月の間に賃貸人は、通知しなければなりません。この場合に契約期間満了の4か月前に賃貸人から「更新しない」と言われても、テナントは応じなくてよいのです。

　より重要なのは、賃貸人から**解約などをするには正当事由が必要**だとされている点です。建替えを理由とする正当事由の有無は、次の事情を総合的に考慮して判断されます。

---

①　建替えが必要となる事情
②　テナントが建物の使用を必要とする事情
③　従前の経過
④　立退料　など

　特に重要なのは、①②の点であり、法的には、立退料は補完的な要素だといわれます。例えば、建替えの必要性は乏しい（①）一方で、テナントにとって退去がビジネスに致命的なダメージを与える（②）場合、賃貸人がいくら「高額の立退料を払う」と言っても、正当事由は認められないのです。

　ただ、②のテナント側の事情については、近隣に代替物件を見つけることができれば、**退去によって大きなダメージを受けるとはいいにくい**ことが多いでしょう（特に、CASEとは異なり、店舗ではなくオフィスとして使用している場合には、その傾向が強いです）。

　もちろん正確な分析をするためにはより多くの事情を検討する必要がありますが、交渉での一応の方針を決めるにあたっては、次の枠組みで考えると、わかりやすいでしょう。

■交渉での方針を決めるための思考枠組み

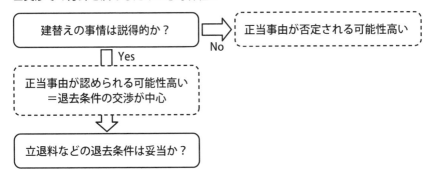

例えば、近隣で代替物件を見つけやすい都市部などでは、建替えの事情が説得的なものであれば、正当事由が認められる（＝退去が必要となる）可能性が高いです（説得的かどうかは④に挙げる事情が参考になります）。このような場合には、不本意ながら、退去条件の妥当性を検討することもあるでしょう。それでもどうしても退去を回避したいという場合には、早めに弁護士に相談して、対策を検討することをお勧めします。

④ 建て替えようとする事情が説得的であるかの判断

店舗・事務所などが入居しているビルの建替えの理由は、ほとんどの場合、建物の老朽化・耐震性不足か、高度利用化です。

その場合、確認すべき主な事情は次の通りです。

■確認すべき建替え事情

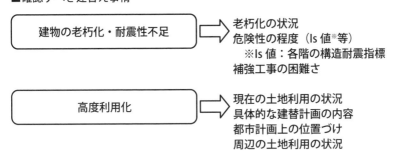

これらの事情は、賃貸人から情報を提供してもらうことも考えられま

す。計画が具体的でないと、正当事由は認められにくくなります。賃貸人が上の図にある事情を把握していないとすると、建替計画は具体的なものとはいえず、正当事由が認められにくくなる可能性があります。

このほか、建替えをしようとする場合には、他のテナントにも同様の申入れを行っているはずなので、他のテナントとの交渉状況も知りたいところです。他のテナントと連絡できる関係にあれば、**他のテナントとの間で情報交換**することも考えられます。

5 立退料などの退去条件

退去条件として交渉が行われるのは、次のような事項についてです。

☐　立退料・賃料免除

☐　退去時期

☐　建替え後のビルへの再入居

☐　代替物件の提供

☐　原状回復義務の免除・緩和

この中でも、双方が特に強い関心を持つのが立退料です。

賃貸人から立退料だけを示されても、その金額が適切かどうかは判断できません。立退料を提示された場合、その**金額の根拠を教えてもらう**ようにしてください。

賃貸人の提示した立退料が、移転費用の補償と営業補償から構成されている場合、その算定の根拠となる金額（例えば、内装費用）が不適切なことがあります。その場合には、賃貸人に、指摘して金額を見直してもらうよう求めます。

また、建替えの事情が説得的かどうか判断が分かれる場合（例えば、低額な耐震補強工事でも対応できる可能性がある場合）には、訴訟になると、多めの立退料が認められる可能性があります。賃貸人もそのことは理解しているはずですので、交渉によって金額を上積みできるかもし

れません。

　多少の費用はかかりますが、不動産鑑定士に依頼して、賃貸人が提示している立退料の検証をしてもらうことも有用です。算出過程で不当に賃貸人に有利な内容となっている点を指摘できれば、賃貸人は**交渉段階でも立退料の値上げに応じる可能性**もあります。逆に、提示された立退料が適切な範囲に収まっていると判断された場合には、賃貸人が大幅な増額に応じることは期待しにくいでしょう。

関連トラブル
賃貸人からの賃料増額請求

　突然、賃貸人から「賃料を増額する」という通知を受けることがあります。

　実は、借地借家法上、賃料が不相当となった場合には、賃貸人が、賃料の増額を請求できることになっています（テナント側からは減額の請求ができます）。この場合、賃貸人が一方的に請求するだけで賃料は増額されてしまうのです。

　そこで、「提示された内容の増額に応じなければ退去しなければいけないのか」と不安に思う方もいます。しかし、それは杞憂です。賃料増額請求に応じなかったからといって、明渡しの正当事由になるわけではありません。

　実は、請求だけで増額されるといっても、請求通りにそのまま増額されるわけではありません。当事者間での合意が成立しない限り、法律上の条件を満たす限度で、効力が生じるに過ぎないのです。

　立退要求と異なり、増額請求の交渉を拒絶してもいきなり訴訟に移行することはありません。訴訟を起こす前に調停を必ず経るというルールがあるからです。

　新しい賃料の確定は、賃貸人との間で合意が成立しない限り、訴訟で判決が確定するまで行われません。合意が成立するまでは、従前の賃料を払っておけばよいのです（ただし、最終的に増額が確定した場合には、請求時からの増額分を10％の利息も含めて払う必要があります）。

　この増額が認められるためには2つの条件があります。

---

① 　現在の賃料が決まった時期以降の事情変更
② 　（①により）現在の賃料が不相当になったこと

賃料増額請求を受けた場合、まずは上の 2 つの条件を満たしているかを検討します。付き合いのある宅建業者から、近隣の相場などについて情報提供をしてもらえば、請求の妥当性についておおよその目途を付けられることもあるでしょう。

　増額には一切応じられないと考える場合には、その旨を賃貸人に伝えます。賃貸人が「ダメ元」で請求していたような場合には、賃貸人も増額をあきらめ、賃料は据え置きで終わることもあります。他方、賃貸人が増額にこだわるのであれば、調停の申立てをしてくることになります。

　なお、賃貸人側は不動産鑑定士の鑑定を示してくることがあります。テナント側としても、対抗するためには自社も不動産鑑定をつけないといけないと思うかもしれません。しかし、調停・訴訟まで進んでも、鑑定を出している方が有利に取り扱われるわけでは必ずしもありません。争いになっている金額に対し、不動産鑑定の費用が高額なときもあるので、余裕がある場合にのみ不動産鑑定士に依頼すれば足りるでしょう。

2 近隣住民からの騒音クレーム

損害賠償問題に発展することも

CASE

　当社の工場の周辺の住民の1人が、「工場の騒音のせいで夜寝られない」などと当社に不満を述べてきた。確かに、夜間に動かしている機械もあるので、少し音は出ているかもしれないが、その大きさは普通の人は気にしない程度のはずだ。そのことを伝えると、その住民は「すぐに改善のために動いてくれないなら、行政に相談して工場の稼働を止めてもらうよう働きかける」と言っている。

正しい対応のポイント

◎騒音の計測器を借りたり、業者に依頼したりして、騒音が法令などの基準値を超えているかを確認する。

◎行政から指導があった場合には、誠実に対応する。

◎基準値を超えている場合には、損害賠償や操業の差止めなどが認められるおそれがあるので、弁護士との相談を検討する。

対応を誤った場合のリスク

◎正確な騒音の計測をしていなかったために、行政対応などが後手に回り、トラブルが大きくなる。

◎行政の指導を無視して、近隣住民などとの関係悪化が深刻化する。

① 近隣住民などが用いる手段

　騒音に不満のある近隣の住民などは、次のような手段を使って解決を図ることを考えます。

---

① 　会社との直接交渉

② 　行政への相談

③ 　訴訟提起

④ 　調停申立て

　これらの手段の順番に決まりがあるわけではありません。ただ、通常は、CASE のように、住民などは、③訴訟提起や④調停申立てよりも、①会社との直接交渉や、②行政への相談を先行させるでしょう。①と②の先後は、事案によって様々です。まずは当事者同士での話し合いをしたいと考え、①直接交渉を最初に行う場合もあれば、会社と直接やり取りするのは負担になると考え、最初に、②行政に相談するケースもあります。

　①も②もうまくいかない場合には、住民などは、③訴訟提起や④調停申立てを行うかを検討することが多いでしょう。

　ここでは、最初に、関連する規制に触れつつ行政対応をお伝えした上で、損害賠償や調停が申し立てられそうな場合に、重要なポイントについて説明します。

② 会社として行政にどう対応するか

　行政は、法律などの違反があるかどうかによって対応が変わります。そこで、騒音についての規制を概観した上で、会社として対応すべき点について説明します。

（1）環境基本法による規制

　騒音一般について基準を設けている法律として環境基本法がありま

す。数値基準は、同法に基づく告示「騒音に係る環境基準について」で定めています（内容は環境省のHPで確認できます）。例えば、専ら住居の用に供される地域では、原則、**昼間は55デシベル、夜間は45デシベル**となっています。この基準への違反に対する行政上の措置は、規定されていません。

（2）騒音規制法による規制

　騒音規制法の対象は、「特定施設」に限られます。「特定施設」とは、著しい騒音を発生させる所定の施設をいいます。その設置などには事前の届出などが必要なため、自社の施設が含まれる場合にはそのことは把握しているはずです。具体的な規制基準は地域ごとに定められており、**内容は自治体のHPなどで確認**できます。この基準違反があったような場合、都道府県知事などは、必要に応じて改善勧告、改善命令を行うことが可能です。

（3）風営法による規制

　CASEからは離れますが、パチンコ店などの風俗営業を営んでいる場合には、風営法（風俗営業等の規制及び業務の適正化等に関する法律）の規制対象となります。具体的な数値基準は条例で定めることになっています。例えば、東京都では、商業地域でも、午前8時から日没時までは60デシベル、それ以外の時間は50デシベルとなっています。違反があった場合には、指示、営業停止、許可取消も制度上は可能となっています。

（4）条例による規制

　以上は法律に根拠がある規制ですが、これとは別に、都道府県が独自の条例を定めていることがあります。規制の対象、行政上の措置などは条例ごとに異なります。

　以上をまとめたのが、次の表です。

■騒音規制の概要

法律等	対象となる騒音	違反した場合の行政上の措置
環境基本法	騒音一般	なし
騒音規制法	特定施設の騒音	改善勧告・改善命令など
条例	条例毎に異なる	改善勧告・改善命令など（条例ごとに異なる）
風営法	風俗営業の騒音	営業停止・許可取消など

（5）行政上の規制に対する自社の対応

　まず確認すべきは、自社が前述の規制に違反していないかという点です。違反の有無を判断するには、**音の大きさの測定が必要**です。地方自治体によっては騒音計の貸出をしていますので、これを利用することも考えられます。事態が深刻な場合などには、専門業者に測定を依頼して、より正確な計測を行うことも検討します。

　騒音規制法や条例に違反している場合は、行政から勧告などがなされる可能性があります。勧告を無視すると、改善命令などの対象となるおそれもあります。可能な限り、**勧告などがなされる前に基準を守るよう措置を講じる**ことが望ましいです。少なくとも、勧告などが出された段階で、速やかに対応できるようにすべきです。

　これらに違反していない場合でも、行政から事実上の指導を受けることもあります。これに従う法的義務はありませんし、従わないことで法的に不利益を受けるわけでありません。

　しかし、行政は、単に住民から苦情があったというだけでは、通常、指導までは行いません。地域全体の見地から措置を講じた方がよいと思うから指導をしているのでしょう。自社にとっても、円滑にビジネスを行うためには、事業に大きな支障とならない限り、近隣の住民などとの良好な関係を維持することは望ましいといえます。

　したがって、法的義務がないというだけで指導を拒絶するのは得策で

はありません。大きなコストがなく対応できるものは対応し、対応が難しい場合には理由を説明する方がよいでしょう。

③ 住民から損害賠償請求される可能性はあるか

近隣の住民などは、行政が動かないような場合には、損害賠償や操業の差止めなどを求めて訴訟提起や調停申立てを行うかもしれません。

これらの手続の中で、騒音が**「受忍限度」**を超えているかどうかが結論を左右するポイントとなります。この「受忍限度」は、要するに「我慢できる限度」という意味で、限度内かどうかは社会通念に従って判断します。つまり、敏感な人が我慢できないからといって直ちに「受忍限度」を超えるということにはなりません。

「受忍限度」を超えているかどうかは、次の要素を総合的に考慮して判断されます。

---

① 侵害行為の態様

② 侵害の程度

③ 被侵害利益の性質と内容

④ 地域環境

⑤ 侵害行為の開始とその後の継続の経過及び状況

⑥ 被害防止に関する措置の有無、内容、効果等

総合考慮

判断が様々な事情を総合的に考慮して行われるものであるため、自社だけで判断の見通しを立てることは難しいことが多いでしょう。特に、法律などの基準値を超えている場合には、裁判所などが、受忍限度を超えている（したがって、損害賠償または差止めを認める）という判断を行うおそれもあるので、早めに弁護士と相談し、対策を検討した方がよいでしょう。

3 業法違反の疑い

違反かどうかを自社で調べる方法

CASE

　当社は機械部品のメーカーであるが、顧客サービスの一環として、他社製造の使用済み部品の引き取りサービスを始めた。ところが、先日ある顧客から、「そのサービスは廃棄物処理法に違反するのではないか」と指摘を受けた。

正しい対応のポイント

◎問題となる法令が特定できているのであれば、弁護士に調査を依頼するよりも、自社で行政に問い合わせるなどした方が早く正確な情報が得られることが多い。

◎行政に問い合わせる際は、担当官に「無駄だ」と感じさせる時間を作らないことを意識する。

◎行政に問い合わせた際は、原則的な結論、例外の有無、担当官の所属部署・名前を確認する。

対応を誤った場合のリスク

◎弁護士に費用を払って調査してもらったが、結局、違反かどうかはわからない。

◎インターネットで調べた情報を信じて対応したが、その情報が誤りである。

1 「業法」とは何か

　何かビジネスで新しいことをやろうとすると、しばしば、いわゆる「業法」が問題になります。業法とはある事業に関する規制法のことです。「業法」という名前の法律があるわけではなく、多様な事業について異なる業法が存在します。例えば、宅建業に関する業法として宅建業法（宅地建物取引業法）が、産業廃棄物の処理などに関する業法として廃棄物処理法（廃棄物の処理及び清掃に関する法律）があります。

　「業法も法律なので、解釈がわからなければ、弁護士に調べてもらうのが一番正確だろう」と考える方もいるでしょう。しかし、**弁護士もすべての法律の解釈がわかるわけではありません**。企業法務を専門的に扱っている弁護士であれば、本書で取り上げた分野のほとんどはある程度詳しく調査できるでしょう。しかし、業法については、弁護士だからといって正確な調査ができるわけではありません。

　とはいえ、そのような調査が特別に難しいというわけではありません。コツさえつかんでしまえば本当は簡単なのです。そして、このコツは、業法の解釈に限らず、幅広い法令の解釈に応用可能です。

　ここではそのコツについてお伝えしていきます。

2 自社でもできる調査とはどのようなものか

（1）問題となる法令

　CASE のように、問題となる法令がわかっている場合ばかりではありません。わからない場合は、インターネットで「○○　**法的問題**」などと**検索**すると、おおよその見当をつけることができます。CASE でも、「使用済み品　引き取り　法的問題」と検索すると、廃棄物処理法が問題になるらしいということはわかるはずです。

（2）調査の対象

　調査の対象は、行政が採用している解釈（行政解釈）です。法令の解

釈というと、裁判例などを調査するのではないかと思う方もいるでしょう。しかし、業法の解釈について訴訟で争われることは稀です。そして、訴訟にならない限り、実務は**行政解釈**に従って動いていくのです。

（3）調査方法

　調査方法としてよく用いられるのが次のような方法です。

① 弁護士などへの依頼
② 書籍での調査
③ インターネットでの調査
④ 行政への問い合わせ

　このうち①〜③が一般的な方法かもしれません。

　しかし、①弁護士などへの依頼には、時間とお金がかかるという問題があるだけでなく、「違反となるおそれがある」などという回答しか得られない可能性があります。弁護士は、はっきりとしたことがわからない場合にはそのような回答をしがちです。しかし、それでは会社としては正しい意思決定ができません。

　②書籍による調査も、①ほどではないにせよ経済的負担がありますし、手間もかかります。

　その意味では、③インターネットによる調査は優れています。ただ、注意しなければいけないのは、不正確な情報や古い情報が紛れ込んでいることです。例えば、検索して上位に表示された内容が、実は最新の内容ではなかったということもあります。

　これに対して、④行政への問い合わせは、慣れないうちは、心理的な抵抗を感じるかもしれません。しかし、行政解釈を知りたいのであれば、**直接行政に問い合わせる方法が最も正確**で簡単です。コツをつかんでしまえば抵抗感も薄れます。

　そこで、この行政への問い合わせのポイントを少し詳しく見ていきま

す。

③ 行政へどのように問い合わせればよいか

（1）事前に準備しておく事項

　私自身、前職（官庁勤務）では、企業の方や弁護士から解釈の問い合わせを多数受けていました。そこでの経験を踏まえて、行政への問い合わせの際のコツを一つだけお伝えするとすれば、それは、「できる限り**担当官に『無駄だ』と感じさせる時間を作らないこと**」です。問い合わせにどの程度丁寧に答えるかは、担当官次第で大きく変わります。つまり、担当官に与える印象によって、説明してもらえる情報の質と量は大きく左右されるのです。そして、悪い印象を持たれないために、無礼だと思われないことはもちろんですが、より重要なのが「無駄だ」と感じさせる時間を作らないことなのです。

　担当官が無駄だと思う時間は、例えば、次のような時間です。
・　最初にだらだらと事実関係を説明される時間（何を聞きたいのかわからない）
・　HPに載っている情報をもとに話せばすぐ終わるのに、問い合わせをする側がHPを見られないために、長々とHPに記載されている内容を説明する時間
・　事実関係について担当官が質問した際、問い合わせする側が、話してよい情報がどうか悩んでいる時間

　このような時間があると、担当官は、**早めに切り上げようと考え、説明は最小限になりがち**になります。このような時間を作らせないために、次のようなことを準備しておけばよいことになります。

□　関係する条文・文言を確認する
□　問い合わせ先の行政のHPを開いておく
□　提供する情報の範囲を決める

1点目の、条文・文言の確認は、基本的なことですが重要です。問い合わせの際は、最低限の挨拶の後、例えば、CASEでは「産業廃棄物処理法の許可が不要となる『下取り』の範囲について教えてもらいたい」などと伝えると、印象がよくなります。逆に、ここがわかっていないと、問い合わせの際に「たらい回し」にあうことにもなりかねません。

　2点目の問い合わせ先の行政のHPを開いておく点は、当たり前と思うかもしれませんが、慣れないと見落としがちなポイントです。これをやっておくとメモを取る手間が大幅に短縮できることもあります。

　3点目の提供情報の範囲について悩む方は多いです。特に悩ましいのは、問い合わせの際、会社名を明らかにするかどうかという点です。ただ、CASEのように、既に行ってしまっていることの適法性を確認したい場合には、会社名を伝えるのは避けることが通常でしょう。

（2）問い合わせの際に確認する事項

　実際に問い合わせる際の確認事項も、しばしば漏れがあります。「必ず確認すべき事項」と「できれば確認したい事項」に分けて説明します。

　まず、「必ず確認すべき事項」は次の通りです。

□　原則的な結論、例外の有無
□　担当官の所属部署・名前

　解釈の原則部分だけを聞いて安心したり、落ち込んだりする方もいますが、例外のないルールは稀です。**例外の有無だけでも必ず確認**するようにしましょう（すぐ後で触れますが、さらに例外の範囲なども確認できるとより望ましいです）。

　積極的には名前を教えてくれない担当官もいますが、必ず聞くようにします。この確認が漏れると、せっかく回答を得ても、**後で行政からその回答と違うことを言われたときに反論できないことになりかねませ**

ん。

　次に「できれば確認したい事項」は次の通りです。

　□　結論の根拠
　□　例外の範囲、考慮要素
　□　他に問題となりうる法令

　１点目の結論の根拠は、どのような解釈でも受け入れるつもりであれば、あえて聞く必要はありません。しかし、示された解釈が自社にとって不都合なものだった場合に、反論したいと考えることもあるでしょう。その場合には、反論の可能性を探るためにこの点は聞いておきたいところです。

　２点目の例外の範囲などは、具体的に教えてはもらえないこともあります。その場合は**例外の典型例**だけでも聞いておくと検討の参考になります。

　３点目は問題となる他の法令が、他の部署の所管だったりすると、聞いても教えてもらえないこともありますが、確認できれば、チェックする法令の漏れをなくすことができます。

4 業法違反の発覚

「まな板の上の鯉」だとあきらめない

CASE

当社は建設業を営んでいるが、最近ある工事で、建設業法で禁止されている丸投げをしてしまった。たまたまそのことが行政に知られ、事情を聴かれている。確かに法律違反にはなるかもしれないが、この程度のことはよくある話なので、大きな問題にはならないだろうと考えている。

正しい対応のポイント

◎処分の回避・軽減のためには、できるだけ早く「理解しやすく、説明しやすい」意見書を提出する。

◎処分の影響を軽減するためには、まず具体的な処分の内容を把握する。

対応を誤った場合のリスク

◎自社の言い分を主張する時期を逸して、重たい行政処分を課されてしまう。

◎処分内容を十分に理解していないために、必要以上にビジネスに負担をかける対応を取ってしまう。

① 「みんなもやっているから大丈夫」？

　業法などに違反したことはないと断言できる中小企業は稀でしょう。CASE のように、「みんながやっていることだから大事にはならないはずだ」と考える方もいるかもしれません。しかし、「みんながやっている違反」であるからといって、違反に気づいた行政が見逃してくれるわけではありません。むしろ、そのような違反だからこそ、行政からすると、認識した事案は確実に処分することで、違反の予防を図ることもあるのです。

　このような場合の対応方法など、企業として知っておくべきポイントには行政分野が異なっていても、共通点があります。ここでは、事後に行政処分を争う方法を概観した上で、行政処分がなされる前の一般的な流れや、行政処分前になすべき事項をお伝えします。

② 事後に行政処分を争う方法

　行政処分がなされた後に、その処分に不服を申し立てる方法を簡単に見ておきます。

　そのような方法としてまず思い浮かぶのは、処分の取消しなどを求める訴訟でしょう。しかし、このような訴訟は、時間がかかる上に、会社側が勝訴する確率はかなり低いのが実態です。

　より簡易・迅速な救済を求める方法として、行政不服審査があります。これは裁判所でなく行政に対して不服を申し立てる制度です。しかし、この申立てが認容される確率は、訴訟で勝訴する確率よりも低い傾向にあります。

　このように、行政処分が行われてしまった後に不服を申し立てる方法には限界があります。そのため、**行政処分前に適切な対応を取る**ことが重要なのです。

③ 行政処分までの流れ

　行政処分が何の前触れもなく行われることはほとんどありません。通常、次の流れに沿って行われます。

■行政処分までの流れ

（1）報告命令

　行政処分をしようとする場合、行政は、処分に必要な事実関係を確定させる必要があります。そのために、行政は、通常、法律に基づく報告命令を行います（この報告徴収手続は、それまでに行われているであろう事実上の事情を聴取する手続とは別に行われます）。報告命令の時点では、行政処分が予定されていることははっきりとは伝えられないことが多いです。

　しかし、ある違反行為の存在を前提に報告が求められているような場合には、行政処分を受ける可能性があると思った方がよいでしょう。

　報告命令の段階で認めてしまった事実関係については、後で争うことは非常に難しくなります。**真実と異なる内容であれば、些細な点でも指摘しておくべき**です。

（2）弁明の機会付与など

　行政処分が行われる場合、処分を受ける企業には、原則として意見陳述の機会が与えられます。具体的には、予定している処分が許可取消し

などの重い処分の場合には聴聞が行われ、それ以外の処分の場合には弁明の機会の付与が行われます。

　どちらの手続でも、予定される処分の内容や処分の原因となる事実は、この手続を行う際の通知書に記載されます。したがって、この時点では、処分の内容や処分の理由が確実にわかることになります。

（3）行政処分

　処分は上述の弁明手続等の後に行われます。意見陳述の機会が与えられてから実際の処分が行われるまでの期間は分野・事例ごとにばらつきがあります。処分まで1週間程度のこともあれば、1か月以上かかる事例もあるようです。

　処分される際は、通常、行政から呼び出しがあり、文書を受け取りに行くことになります。代表者やそれに準じる立場の方が出向くよう求められることもあります。

④ 行政処分前に行いたいこと

　このような処分までの流れを前提にすると、遅くとも③（1）の報告命令を受けた時点で、会社も、行政処分の可能性を認識できます。

　ここで企業がなすべき対応は大きく2つに分けることができます。①予定される処分を可能な限り回避・軽減することと、②処分の影響を軽減することです。この2点について具体的に見ていきます。

（1）処分の回避・軽減

　行政処分を回避・軽減するには、予定する行政処分の内容が不当であることを行政に理解してもらう必要があります。具体的には、意見書の提出を通じてこれを行うことが多いです（この意見書のタイトルに決まりはありません。「上申書」などとすることもあります）。

　意見書で最も重要なのは提出のタイミングです。行政が行政処分を行う意向であることが判明したら**できるだけ早く行いたい**ところです。法

定の弁明手続等は形式的なものに過ぎないこともあります。そこで、遅くとも、報告命令などを受けた段階で、準備を始め、作成でき次第、提出するのです。

　効果的な意見書の内容・形式にするためのポイントは「理解しやすさ」「説明しやすさ」を意識することです。「理解しやすさ」が重要なのは言うまでもないでしょう。意見書提出の目的は、「予定している行政処分が不当であり、違法となるおそれがある」と行政に理解してもらう必要があるからです。「説明しやすさ」が重要なのは、意見書を受け取った担当者が、**手間をかけずに上位者（上位職・上位機関）に対し説明できるようにしておく**ためです。

（2）処分の影響の軽減

　処分自体の回避・軽減ができればよいのですが、実際には難しいこともあります。そこで、これと並行して、予想される処分を前提に、その影響をできるだけ軽減するための対策を講じておきます。気づかずに、行政処分で求められていないことまで自制したり、行政処分で禁止された行為を気づかずに行って、さらなる処分受けたりしないようにするためです。

　ここでは、比較的重たい処分である業務停止処分（営業停止処分）を例に考えてみましょう。検討すべき主な対応は次の通りです。

　□　処分の具体的な内容の把握
　□　マニュアル作成
　□　取引先などへの対応　　等

　特に重要なのは、その法律での業務停止処分の具体的な内容を把握することです。例えば、CASE の建設業法上の営業停止処分では、受注活動が禁止されているだけで、受注済みの工事の施工などは禁止されていません。そのことは法律をよく読まないと気づきません。また、処分基

準の中で、より具体的な禁止内容などの記載がなされていることもあります。法令や処分基準に具体的な記載がない場合には、行政に問い合わせを行ったりして確認しましょう。

〈著者紹介〉

川上　善行（かわかみ・よしゆき）

弁護士（田辺総合法律事務所）・中小企業診断士・米国ニューヨーク州弁護士。東京大学法学部卒業、京都大学法科大学院修了。

中小・中堅企業に対し、従業員や取引先、不動産に関する問題など、幅広い法律問題への対応支援を行っている。国土交通省での8年間の勤務や中小企業診断士としての活動の経験を活かし、法律面以外の観点にも配慮したサービスを提供している。SMBC コンサルティング株式会社（テーマ：契約書、労務トラブルなど）、国土交通大学校（テーマ：宅建業、建設業）などでセミナー・研修の講師を務めるほか、「Business Law Journal」「ビジネス法務」などの雑誌での論考も多数ある。

※よろしければ、この本へのご意見・ご感想などをお寄せください。

［連絡先］

〒100-0005　東京都千代田区丸の内3-4-2　新日石ビル10F　田辺総合法律事務所

Tel：03-3214-3811

Mail：kawakami@tanabe-partners.com

弁護士が教える！
事例でわかる中小企業の法律トラブル対応

2021 年 3 月 24 日　初版発行

著　者　　川上善行
　　　　　かわかみよしゆき
発行者　　佐久間重嘉
発行所　　学陽書房

〒102-0072　東京都千代田区飯田橋 1-9-3
　営業／電話　03-3261-1111　FAX　03-5211-3300
　編集／電話　03-3261-1112　FAX　03-5211-3301
　http://www.gakuyo.co.jp/

DTP制作・印刷／精文堂印刷　製本／東京美術紙工　装丁／佐藤 博
©Yoshiyuki Kawakami 2021, Printed in Japan.
乱丁・落丁本は、送料小社負担でお取り替え致します。
定価はカバーに表示しています。

ISBN 978-4-313-51186-6　C2032

契約書「審査」の
目線を身に付ける！

2020年4月1日施行の新民法対応！ 契約書の審査について、問題になりやすい点にしぼり解説。考え方のプロセスからモデル条項までを示す！

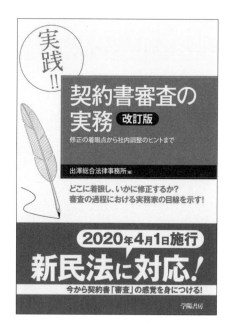

実践!! 契約書審査の実務〈改訂版〉

出澤総合法律事務所［編］

A5判並製／定価＝3,630円（10％税込）